Starks-Sture
VERLAG

Christa Windmüller

Anne
und die Macht der anderen

Aus dem Leben einer multiplen Persönlichkeit

Roman

Mit einem Geleitwort von PD Dr. med. Martin Sack,
Facharzt für Psychosomatische Medizin.

ISBN 978-3-939586-17-3

© 2010 Starks-Sture Verlag
Anna Starks-Sture
Elsässer Straße 24, D-81667 München
www.starks-sture-verlag.de

Lektorat:Tino Krense, München
Druck:Advantage Printpool, Gilching

Die Autorin

Christa Windmüller war viele Jahre als Heilpraktikerin mit psychosozialen Schwerpunkten tätig. Heute arbeitet sie als freie Journalistin und Autorin. Ihr Leitgedanke ist es, nicht alltäglichen Themen ein Gesicht zu verleihen.

Weitere Buchtitel:

„Fremdes Ich – Aus der zerrissenen Innenwelt eines schizophrenen Mannes"

Inhalt

Geleitwort   S. 7

Einleitung   S. 9

Beteiligte Personen des Systems Anne   S. 10

Anne   S. 11

Die anderen   S. 45

Wahrheiten und Krisen   S. 83

Du weißt,
tief in Dir trägst Du einen heilen Kern.
Tief in Dir bist Du reine ungebrochene Kraft,
ist grundgelegt, wer Du bist.
Dort hinzugehen kostet oft allen Mut,
alle Verzweiflung,
alle Scham,
Schuld und Angst.
Und dennoch, nur dort findest Du Dich
und die Liebe
und das Leben.
Tief in Dir.

(Anonym)

Geleitwort für Anne

Anne, die Protagonistin dieses Buches, leidet an einer Dissoziativen Identitätsstörung. Sie beschreibt aus ihrem Erleben, welch enorme Fähigkeiten sie aufbringen muss, um den Alltag trotz Erfahrungen von Gespaltensein zu bewältigen. Anne lernt ihre Persönlichkeitsanteile und deren Geschichte nach und nach näher kennen, gleichzeitig versucht sie, mit Hilfe einer Psychotherapie zu einem normalen Leben zu finden.

Anders als bei Menschen, die als Erwachsene und nur in einer Situation traumatisiert wurden, stehen bei dissoziativen Patientinnen und Patienten in der Regel hochbelastende Erfahrungen und Traumatisierungen schon in der Kindheit im Vordergrund. Kommt es zu Erfahrungen, die die psychischen Verarbeitungsmöglichkeiten eines Kindes in extremer Weise überfordern, reagiert dieses bis zu einem Alter von 6 Jahren gewöhnlich mit dissoziativen Schutzmechanismen. Das Erleben spaltet sich auf und es können in der Folge Persönlichkeitsanteile entstehen, die nur schwer durch die Alltagspersönlichkeit kontrollierbar sind.

Eigentlich sollte in den ersten Lebensjahren hinreichend Schutz durch die Eltern oder andere betreuende Erwachsene gewährleistet sein, um Kindern die für ein gesundes Aufwachsen notwendige Sicherheit zu bieten. Jedoch stellen mitunter genau diese Menschen die Quelle der Bedrohung und Gefahr für Kinder dar. Die Behandlung von Patientinnen und Patienten mit Dissoziativen Störungen ist eine besondere Herausforderung in der Psychotherapie. Nicht nur die Symptome der Aufspaltung von Wahrnehmungen und Erinnerungen führen zu Schwierigkeiten in der Therapie. Die therapeutische Beziehung selbst kann ein Problem für Betroffene sein, die schon so früh gelernt haben, gerade den Menschen, denen man nahesteht, nicht vertrauen zu können.

Das Trauma, die dazugehörige Wahrnehmung und die entsprechenden Verhaltensmuster bleiben fragmentiert, oft fehlen Worte für das, was geschehen ist. Einzelne Details oder auch ganze Passagen des traumatischen Geschehens können aufgrund der Fragmentierung der bewussten Erinnerung schwer zugänglich bleiben. Die Verknüpfung der traumatischen Erinnerung mit Erfahrungen von Bewältigung und Sicherheit, zum Beispiel mit dem Wissen „es ist vorbei" und

„ich habe es überlebt" ist in Folge nur erschwert möglich oder gelingt gar nicht. So leiden die Betroffenen häufig nicht nur an ihren belastenden Erinnerungen, sondern vor allem an nicht integrierten – und somit für den heutigen Alltag nicht mehr adaptiven – Verhaltensmustern aus ihrer Kindheit.

Die dissoziative Störung lässt sich überwinden, wenn es der betroffenen Person gelingt, in Kontakt mit den fragmentierten Anteilen ihrer Persönlichkeit zu kommen, deren Geschichte, emotionale Belastung und Bedürfnisse kennenzulernen und diese nach und nach in die im Alltag funktionierende Persönlichkeit zu integrieren. Diese Aufgabe ist, wie im Motto dieses Buches beschrieben, tatsächlich eine Reise in die Tiefe, auch der belastenden Erfahrungen, die oft nicht einfach ist. Das Vertrauen in den unzerstörbaren Kern der Persönlichkeit, der letztlich das eigene Überleben gesichert hat, kann ausgesprochen hilfreich sein, wenn es notwendig wird, den Schwierigkeiten auf den Grund zu gehen. Auch für Menschen mit extremen Erfahrungen von Folter und Gewalt in der Kindheit ist es möglich, Heilung zu erfahren und zu einem normalen Leben zu finden.

Martin Sack - PD Dr. med., Facharzt für Psychosomatische Medizin
und leitender Oberarzt an der Klinik für Psychosomatische Medizin
und Psychotherapie des Klinikums rechts der Isar der TU München

Anne und die Macht der anderen

Anne ist eine multiple Persönlichkeit, ihre Seele ist zersplittert. In Anne leben viele, nicht nur viele Personen, sondern auch viele Charaktere, mit unterschiedlichen Meinungen und Ansichten. Sie gewährt einen Einblick in diese komplexe, manchmal verworrene und bizarre Welt.

Anne hat Grausamkeiten erlebt, die weit über den menschlichen Verstand hinausgehen und die sie zu dem gemacht haben, was sie heute ist. Das langsame Entdecken ihrer Vergangenheit und der scheinbar endlose Weg aus der Abhängigkeit bedeuten für Anne eine ständige Gratwanderung mit einem Dasein zwischen Schuld und Scham.

Während unzähliger Therapiesitzungen erfährt sie das Ausmaß der abgespaltenen Wahrheit und damit die tatsächlichen Hintergründe ihrer Geschichte. Inmitten von Konditionierung, Rückschritten und Krisen hofft Anne auf ein neues Leben.

Beteiligte Personen des Systems Anne

Anne	–	das Alltags-Ich
Nicole	–	Beobachteranteil, Mittlerfunktion
Jasmin	–	Prostitutionsanteil
Silvia	–	Persönlichkeitssplitter
Der Anteil, der auf Alkohol reagiert	–	Beobachter mit Programmfehler
Der Anteil, der dazwischen geht	–	Persönlichkeitssplitter mit Retterfunktion
Julius	–	männlicher Beschützeranteil
Tina	–	weiblicher Beschützeranteil
Lena	–	Angstanteil
Nicolas	–	männlicher Zerstöreranteil
Katja	–	Kleinkindanteil
Alex	–	weiblicher Beschützeranteil
Schläfer	–	geschlechtlose Schlüsselperson

Anne

Sie heißt Anne und ihre Geschichte ist abscheulich. Anne ist anders, dennoch zufrieden und glücklich, auf ihre Weise glücklich. Und Anne lebt oder besser, sie versucht zu leben, zu überleben. Jeden Tag, jede Nacht, jede Stunde, jeden Moment aufs Neue.

Anne ist Ende zwanzig und, falls man den Aussagen ihres Umfeldes Glauben schenken möchte, allein, einsam sogar. Für Anne hingegen hat Alleinsein eine andere Bedeutung, eine schier unerreichbare Bedeutung. Allein zu sein ist ihr fremd und deshalb ihr beinahe größter Wunsch. Annes Welt ist kompliziert, parallel, ungewöhnlich und schwierig, aber keinesfalls langweilig.

Vor kurzem versuchte Anne sich umzubringen, was jedoch misslang und dies nicht zum ersten Mal. Man mag denken, die erwähnte angebliche Einsamkeit trieb sie dazu, das stimmt aber nicht. Anne hatte nicht die Absicht, ihrem Leben ein Ende zu setzen. Diese Entscheidung traf jemand anders aus ihrer vielschichtigen, verworrenen Welt. Anne beschreibt sich und ihr Denken ähnlich einem Labyrinth – verzwickt und knifflig, für Außenstehende kaum fassbar.

Manchmal redet sie mit sich selbst, nicht laut, nicht leise und trotzdem redet sie. Allerdings nur in ihrem Kopf, in ihren Gedanken. Sie redet mit den Stimmen, die sich aus dem tiefsten Inneren zu Wort melden. Mehr noch, sie ist froh, wenn sie sich zu Wort melden, statt sich wahllos zu verselbstständigen und nach außen zu treten.

Ihr gesamter Tag ist von der Anstrengung bestimmt, die Kontrolle über sich zu behalten, die Person Anne als eine einzige, als ganz erscheinen zu lassen und nicht auseinanderzufallen. In ihr herrscht ein gnadenloses Chaos, das sie unentwegt zu verbergen sucht.

Es sind keine Stimmen, die Anne Befehle erteilen, die ihr eingegeben sind oder die von fremden Personen stammen. Es sind ihre eigenen Stimmen und hinter jeder Stimme verbirgt sich ein Teil von ihr, ein anderes Ich, eine andere Persönlichkeit. Die einzelnen Ich-Anteile wiederum reagieren auf verschiedenste Reize, sie nehmen die gesamte Umwelt subjektiv und eigenständig wahr.

Während Annes Alltags-Ich – jenes Ich, das sich normalerweise nach außen präsentiert – weinen könnte, beginnt ein anderes Ich zu lachen. Vielleicht, weil es nicht verstanden hat, worum es geht, den Ernst der Lage nicht einschätzen kann oder auf sich aufmerksam machen möchte. Und meist ist Letzteres ist der Fall. Der anders reagierende Anteil erhofft sich Aufmerksamkeit, will sich mitteilen oder ganz simpel beachtet werden. Warum auch immer.

Keiner dieser Ich-Anteile reagiert grundlos auf eine Situation, keiner springt einfach so aus dem Rahmen. Im Gegenteil, es geschieht in Momenten, die erinnern, die Angst machen, die einer Warnung bedürfen oder ein anderes Empfinden erfordern. Zumindest aus deren jeweils individuellen Sicht, denn sie haben Dinge erlebt, von denen Anne eventuell nichts weiß oder die sie anders erlebt hat.

Ein kleiner Reiz, wie das Ansehen eines Fotos genügt, um einen der Anteile aktiv werden zu lassen und das Foto zu vernichten. Eine Melodie reicht aus, um die CD zu zerstören oder das Radio zu Boden zu werfen. Und Anne findet später das halb leere Fotoalbum vor, die Reste der CD oder das auf dem Boden liegende Radio – ohne nachvollziehen zu können, was eigentlich passiert ist.

Daher besteht ihre größte Angst und gleichzeitig größte Aufgabe darin, die einzelnen Anteile zusammenzuhalten, außerdem die Oberhand und die Übersicht zu behalten. Hinzu kommt, dass einige Innenanteile kaum bis gar nicht miteinander kommunizieren, oder sich unter Umständen ablehnen.

Vielleicht kann man sich die Zahlen einer Uhr vorstellen, die eingemauert sind und sporadisch mit dem Zeiger, also dem Alltags-Ich, in Kontakt geraten. Folglich verbirgt sich hinter jeder Mauer ein Eigenleben, eine eigene Vergangenheit, ein eigenes Schicksal, dermaßen abartig, dass es von den anderen Zahlen und insbesondere vom Zeiger ferngehalten werden muss. Im Ruhezustand gelingt dies tatsächlich recht gut. Allerdings ist der Ruhezustand ein Idealzustand, kurzum die Ausnahme.

Die Realität, das alltägliche Leben bedeutet Stress und der sorgt bisweilen für Verwirrung. Mit anderen Worten, die schön geordnete Zahlenreihe gerät bei der kleinsten Ungereimtheit vollkommen durcheinander. Das System schlägt Alarm und meist leider unpassend – von den Innenpersonen ist nämlich keine in der Lage, die vorherrschende Situation korrekt einzuschätzen. Sie sind mit dem Jetzt schlicht überfordert. Ihr Leben ist die Vergangenheit, welche sie permanent in Schach hält und das Heute unterschiedlich wahrnehmen, unterschiedlich empfinden lässt.

Deshalb existiert eine Person, die kläglich versucht, den Tag, das Jetzt und das Innen zu organisieren: Annes Alltags-Ich. Und genau hier beginnen die Probleme.

Sollte Anne eine Entscheidung getroffen haben, heißt das noch lange nicht, dass die anderen einverstanden sind, was sie sie sehr deutlich spüren lassen. Jeder auf seine Weise. Ein wenig heikel gestalten sich zum Beispiel Überraschungen, Dinge, die nicht vorab planbar sind. Mit Sicherheit rebelliert ein Innenanteil und reagiert mit panischer Angst, während ein anderer mit extremer Freude dagegen hält und Anne spürt, dass ihr die Situation komplett entgleitet. Immerhin kann sie inzwischen abschätzen, wer wann oder wer wie reagiert.

Rückblende

Bis vor ein paar Jahren wusste Anne überhaupt nichts von der Existenz der anderen Anteile. Zwar gab es viele ungeklärte Fragen, aber Anne fand mindestens genauso viele Antworten. Im Grunde bestand ihr ganzes Leben aus diversen Zeitlöchern, die natürlich erklärbar waren, irgendwie. Häufig war sie nicht sie selbst, auch niemand anders, Anne fehlte einfach dieser Zeitabschnitt. Es gelang ihr nicht, sich zu erinnern, nicht lückenlos.

Dagegen hatte sie manchmal Erinnerungen, die normalerweise nicht abrufbar oder präsent waren, und die nach ihrem Auftauchen vollständig wieder verschwanden. Ähnlich einem Déjà-vu gingen ihr Situationen durch den Kopf, die nicht neu waren, sondern der feinstofflichen, der nicht greifbaren Vergangenheit angehörten und die, auf dieses Leben übertragen, eigenartig fremd wirkten. Mitunter blieb Anne vor Schreck stehen, als würde der Teufel ihr Gegenüber sein. Oder sie begann zu zittern, weil sie plötzlich die komische Ahnung hatte, den vorbeieilenden, unbekannten Menschen zu kennen. In ihr rüttelte und schüttelte es sich, obwohl sie keine direkte Verbindung ziehen konnte. Dennoch fühlte sich etwas seltsam vertraut an.

Diese Erlebnisse waren Alltag, sie waren gewissermaßen Normalität. Anne tröstete sich mit der Tatsache, dass Feinstofflichkeit nicht erklärbar war und die Menschen, abhängig von ihrer Sensibilität, unterschiedlich darauf reagierten.

Sie fand sich vielmehr mit der Fähigkeit gestraft, spüren zu können, wie andere Menschen sich gerade fühlten – dabei genügte es, jemanden anzusehen oder fest an ihn zu denken. Als eine gute Freundin anrief, um Anne weinend mitzuteilen, dass sie nach einem Unfall nun im Krankenhaus lag, wusste Anne längst Bescheid. Und sie wusste, dass der zweite Beteiligte den Unfall nicht überleben würde, doch sie behielt es für sich.

Nur zu oft glaubte sie wegen dieser eigentlich unhaltbaren Tatsachen an sich selbst zu scheitern. Anderen war es nicht einmal möglich, sie zu belügen. Noch bevor die Lüge ausgesprochen oder überhaupt formuliert werden konnte, hatte Anne ihr Gegenüber, inklusive sämtlicher Schwächen und Heimlichkeiten, durchschaut. Trotzdem handelte sie häufig entgegen ihrem Gefühl und ließ sich in die Irre führen, oder in negativer Weise beeinflussen.

Ihr machten die Eingebungen Angst und sorgten für immer neue Zweifel. Folglich versuchte Anne zu verdrängen, zu ignorieren und ungeschehen zu machen. Manchmal verfluchte sie ihre Vorahnungen und wünschte sich ein normales Funktionieren, das anderen Menschen offensichtlich mühelos zu gelingen schien.

Insgesamt füllten eine Menge Merkwürdigkeiten das Leben und bestimmten den Tag. So konnte Anne ihre Geburtstage nicht feiern, sie vermochte das Datum nicht mit dem Ereignis zu verbinden – was vermutlich daran lag, dass sie sich fast nie ihrem Alter entsprechend fühlte, sondern eher als würde sie zwischen verschiedenen Welten pendeln, ohne sich festlegen zu können. Als wüsste sie nicht, woher sie kam und wohin sie gehörte, ihr fehlten die Wurzeln. Ganz grundlegende Dinge waren nicht da, nicht erinnerbar oder tatsächlich nicht vorhanden, weshalb Anne regelmäßig ihre Intelligenz infrage stellte.

Außerdem war jegliches Tun von einer konstant vorhandenen Unsicherheit begleitet. Die Unsicherheit war quasi der Boden, auf dem alles Weitere fußte. In Annes Leben gab es keine Selbstverständlichkeiten, sie rechnete stets mit dem Schlimmsten.

Gleichzeitig bewunderte sie andere Menschen für ihre Leichtigkeit, für die Gabe, den Alltag ohne Zwischenfälle zu meistern. Sie taten Dinge als banal und nebensächlich ab, die ihr unmachbar erschienen. Anne konnte nicht in ihr Auto steigen und darauf vertrauen, pünktlich und heil anzukommen. Sie dachte beispielsweise, sie würde verunfallen oder wegen technischer Mängel ihr Ziel nicht erreichen. Sie schaffte es, sich konsequent auszubremsen und im Weg zu stehen.

Doch gelegentlich wagte sie sich über ihren Radius hinaus und suchte zum Teil gefährliche Herausforderungen, wobei sie genauere Einzelheiten später nicht parat hatte. Dieser maßlosen Unsicherheit stand nämlich das Phänomen der absoluten Furchtlosigkeit gegenüber. Und dann konnte Anne unmöglich begreifen, dass jemand aus Angst eine Situation mied oder überhaupt so etwas wie Angst verspüren konnte.

Anne brauchte jene Augenblicke des losgelöst Seins, sie suchte förmlich die Gefahr, den Abgrund, die Tiefe. Roboterähnlich, wie in einem Zustand von Rausch, gefährdete sie absichtlich ihr Leben – als ob in ihr eine Wachablösung stattgefunden hatte. Anne fühlte sich sich selbst unterwürfig, wenn sie mit über 200 Stundenkilometern über die Autobahn raste oder alkoholisiert über Bahnschienen und Brückengeländer spazierte. Mit Scham erinnerte sie sich manchmal an diese Ausrutscher, konnte aber nicht nachvollziehen, warum sie das getan oder was dazu geführt hatte. Und im Laufe der Zeit verloren diese Zwischenfälle an Bedeutung oder sie gewöhnte sich diesbezügliche Überlegungen ab.

Beinahe unwichtig und belanglos erschien indes die tägliche Wahl der Klamotten, obgleich darin eine gewisse Spannung lag. Zwar hatte Anne ihren Kleiderschrank recht zweckmäßig und spärlich bestückt, um den Entscheidungskampf nicht bis zum Abend andauern zu lassen, doch egal welche Wahl sie getroffen hatte, sie fühlte sich garantiert nicht wohl. Ihre Kleidung gefiel ihr nicht, entsprach ihr nicht, dem Tag nicht und dem Anlass nicht. Also zog sie sich unentwegt um, was aber an ihrem Gefühl nichts änderte. Bestimmte Einzelteile dagegen vermittelten ihr Sicherheit, gaben ihr ein Zeitgefühl. Sie musste sich regelrecht zwingen, diese zumindest vorübergehend abzulegen.

Tatsächlich aus der Fassung brachten Anne allerdings ganz andere Dinge. Hin und wieder befanden sich Kleidungsstücke von exotischem Seltenheitswert in ihrem Besitz, von deren Herkunft sie nichts wusste, die nicht zu ihr passten und die sie nicht gekauft hatte. Sie hoffte jedes Mal inständig, die Sachen nie getragen zu haben.

Zudem bemerkte Anne in Phasen von Anspannung Veränderungen in sich, die ihr unangenehm waren und für die sie keine Erklärung hatte. Ihre Stimmlage zum Beispiel hob oder senkte sich, sobald sie unter Druck geriet. Das passierte einfach, ohne ihr Dazutun, und je mehr sie es zu beeinflussen versuchte, desto weniger gelang es ihr.

Die Steigerung davon waren Äußerungen, die sie ungewollt machte. Anne fand sich deswegen peinlich, stand dem aber machtlos gegenüber. Sie konnte in Situationen oder in der Gegenwart von Personen, die sie als bedrohlich wahrnahm, nahezu stumm oder kränkend bis ausfallend werden. Ein neutrales Verhalten war in Stressmomenten die Ausnahme. So wurde sie fast zwangsläufig angefeindet oder verurteilt. Eine nachvollziehbare Kettenreaktion, ein verständliches Echo auf ihre Doppelbödigkeit. Anne hingegen ahnte im Voraus, dass sie die Kontrolle über sich verlieren würde, und war dementsprechend verschlossen und gehemmt.

Ebenfalls keinen Einfluss hatte sie auf ihre Stimmungsschwankungen. Anne konnte ihre jeweiligen Reaktionen nicht ein bisschen abwägen, was sie auf ihre extreme Vergesslichkeit schob. Sie befand sich in einem ständigen Wechselbad der Gefühle. Alles war möglich, von verbaler Aggression bis hin zur totalen Abwesenheit, wie Achterbahn fahren.

Für Außenstehende waren sicher jene Momente untragbar, an die sie sich gar nicht erinnern konnte. Sie wusste weder, wie sie sich benommen hatte noch, wie man sich ihr gegenüber verhalten hat. Meist erfuhr Anne erst sehr viel später und durch andere von ihrer Anwesenheit und ihr blieb nur, mit einer schlechten Tagesform zu kontern, um nicht in Schimpf und Schande zu enden. Mitunter fehlten Anne ganze Tage. Sie wusste nicht, wie und wo sie sie verbracht hatte. Oder sie fand sich an einem Ort wieder, den sie nie zuvor gesehen und bestimmt nicht eingeplant hatte.

Gleiches passierte Anne im Umgang mit Menschen, weshalb sich ihre Kontakte eher schwierig gestalteten. Unsicherheit und das nicht Einschätzen können des Gegenübers prägten und trübten sämtliche Begegnungen. Eine gewisse Distanz war Voraussetzung und zugleich logische Folge, eine Art Selbstschutz, ohne den sie keine Chance hatte. Ein gravierendes Problem war nämlich, dass Anne bisweilen gute Freunde nicht erkannte, an ihnen vorbei ging oder sie achtlos stehen ließ. Oder sie sprachen Anne an und es gelang ihr nicht, sie zuzuordnen. Obwohl sie sich anstrengte, fehlte ihr die Erinnerung und die glaubwürdigen Ausreden wurden knapp. Viele Freundschaften zerbrachen an dieser scheinbaren Arroganz.

In der Liebe war es ähnlich. Und trotzdem gab es schöne Begegnungen, nur leider nicht von Dauer. Irgendwie brauchte sie das Spiel mit den Extremen. Doch die wirklich tiefen Spuren hinterließen jene Beziehungen, in denen sie zu vertrauen begann und hinterfragt wurde. Sie fühlte sich ertappt, gleichzeitig bestätigt und abgelehnt. Anne war auf der Suche, egal ob Mann oder Frau, Interesse bestand für beide. Sie wünschte sich, zu lieben und geliebt zu werden, aber es ließ sich nicht umsetzen. Und wieder war die Konsequenz daraus der Abstand, der sie sich selbst ertragen ließ, wenigstens für den Moment.

Manchmal schaute Anne in den Spiegel und erkannte sich nicht. Sie wusste nicht, wen sie da sah. Im Grunde mochte Anne keine Spiegel, sie vermied es, sich anzuschauen. Und doch war das Anschauen ein wichtiges, ein notwendiges Übel – ohne einen Spiegel konnte sie sich nicht vergewissern, dass es sie gab. Er bestätigte sozusagen ihre Existenz. Über das Spiegelbild konnte sie sich definieren, sich erkennen, und nicht selten dauerte dieses Erkennen mehrere Minuten. Anne glaubte dann, sich von weit her zu beobachteten und nur langsam den Weg zu sich, zu ihrem Gesicht oder ihrem Körper zu finden.

Eine weitere notwendige Leidenschaft waren Uhren. Anne liebte Uhren und hatte viele. Uhren bedeuteten Sicherheit und zudem ein Stück Orientierung – sie bewahrten sie davor, Zeit zu verlieren. Ein bisschen problematisch war jedoch, dass die Uhren, trotz Batteriebetrieb unentwegt stehen blieben.

Dasselbe passierte mit Elektrogeräten, sie gingen einfach aus, falls Anne sich zu lange in der Nähe aufhielt. An guten Tagen wiederum funktionierten plötzlich Geräte, die ansonsten defekt waren. Schon im Kleinkindalter legte sie die Radios und Fernseher der Umgebung lahm. Aber dieses kleine Geheimnis kannte niemand, zum Glück – Geheimnisse waren gefährlich.

Auf ganz andere Weise mystisch stellten sich Situationen dar, in denen Anne nicht wusste, was gerade geschehen war und sie sich mit Verletzungen wiederfand, die sie nicht erklären konnte. Sie hatte sich offenbar verletzt und nichts davon bemerkt. In der Folge provozierte sie Selbiges, um sich zu spüren. Doch es gelang ihr nicht. Annes Wahrnehmung war derart unwirklich, dass sie gelegentlich glaubte, ein Gespenst spukt durch ihren Körper. Als ob sie jeden Tag neu lernen musste, Dinge zu fühlen, sich zu fühlen.

Während eines Umzugs rutschte ihr beim Möbelaufbau der Schraubenzieher ab und verletzte die Hand. Sie empfand weder den Schmerz noch die Bewegungseinschränkung. Beinahe reflexartig schlug sie auf ihre Hand ein. Anne war wütend, weil sie sich wie üblich, kaum wahrnahm und das Gefühl hatte, die Hand gehörte nicht zu ihr. Indes war sie sich selbst unterwürfig – sie musste es tun, wie sie manchmal über die Autobahn rasen musste oder Brückengeländer zum Balancieren brauchte. Oder etwas harmloser Getränkeflaschen mit den Zähnen öffnete. Mitunter stellten die lapidarsten Alltäglichkeiten für Anne die schwierigsten Aufgaben dar.

Ähnlich unangenehm empfand sie ihre berufliche Desorientiertheit und dennoch universelle Einsetzbarkeit. Sie musste häufig den Arbeitsplatz wechseln, um nicht durchschaut zu werden. Viele Fehler, Unkonzentriertheit und eine ständige Gereiztheit waren ihre Markenzeichen. Dennoch konnte sie streckenweise durchaus beständig arbeiten. Und solange sie niemand zu hinterfragen begann, lief alles gut. Gut fühlen konnte sie sich allerdings nicht dabei.

Vielleicht entwickelte Anne aus diesem Grund, den Drang permanent umziehen zu müssen. Sie war nahezu besessen von dem Gedanken, nirgends heimisch werden zu dürfen. Und jedes Mal, wenn sie gerade begann, sich einzuleben, sich ein wenig zu Hause zu fühlen, ergriff sie die Flucht. Ein Ankommen im eigentlichen, im ursprünglichen Sinne gab es nicht, konnte es nicht geben.

Entsprechend plätscherte Annes Leben dahin, sie wollte verändern und konnte nicht. Sie wusste nicht wie. Und so blieb ihr keine andere Wahl, als ihre Defizite auszugleichen und zu überspielen, um nicht aufzufallen. Sie erwartete nicht verstanden zu werden, sie war viel zu anders.

Die Wende

Trotz aller Kompensation und Anpassung kam irgendwann der Tag, an dem plötzlich nichts mehr funktionierte. Anne erfasste ihre Zwiespältigkeit, ihre Zerrissenheit und daneben ihr Vermeidungsverhalten und Weglaufen. Doch je bewusster ihr diese Dinge wurden, desto weniger ertrug sie sie, desto vehementer lehnte sie sie ab. Sie wehrte sich schlicht gegen das, was in ihr oder mit ihr passierte. Es war zu wenig definierbar. Aber es bewegte sich etwas.

Anne begann ihrem Anderssein einen Krankheitswert beizumessen. Sie begann ihre Symptome als solche wahrzunehmen. Angefangen bei dem Gefühl, nicht alleine oder nicht sie selbst zu sein bis hin zu den Reaktionen, die ihr peinlich waren, weil sie meist anders reagierte, als sie eigentlich vorhatte und ganz unwillkürlich die Kontrolle über sich verlor.

Bisher war das Anderssein für sie normal, durchaus besonders, aber nicht krankhaft. Sie schützte sich, indem sie daran festhielt, dass sie gerne alleine war und keine anderen Menschen brauchte. Anne konnte nicht sehen, dass sie sich immer weiter zurückziehen musste, um die Fassade nach außen aufrecht zu erhalten.

Anne schaffte es nicht einmal, das Wort Angst umzusetzen. Angst war ein Wort, aber kein Zustand, obwohl sie sich seit Jahren in diesem befand. Und nun begann diese Angst zu leben, sie und ihren Alltag zu bestimmen.

Der Zusammenbruch

Die Angst und damit ihre Vergangenheit begannen sie einzuholen, zu überholen. In ihr öffnete sich ein Tresor des Grauens. Bilder und Situationen überschwemmten sie, parallel zu der Angst. Doch die Zweifel und der Unglaube überwogen. Und je weiter Anne alles von sich schob, desto chaotischer und ängstlicher wurde sie. Die Angst nahm überhand, sodass ein angemessener Umgang mit anderen Emotionen unmöglich wurde. Sie konnte Freude, Wut, Liebe oder Trauer nicht mehr einordnen, nicht mehr unterscheiden. Neben der Angst hatte nichts Platz. Die Folge waren nicht steuerbare Tränenausbrüche und Weinkrämpfe.

Monatelang versuchte sie mit aller Kraft zu verdrängen und zu verbergen, um tagsüber zumindest annähernd zu funktionieren und arbeiten zu können. Doch die Abende und Nächte waren schwer zu ertragen. Um jene zu überstehen und sich in der Dunkelheit, den Ängsten und Tränen nicht völlig zu verlieren, war eine Menge Alkohol notwendig.

Im betrunkenen Zustand hatte Anne ihre Ruhe, wenigstens bis zu einem gewissen Punkt. Und sobald dieser Punkt erreicht war, verlor sie die Kontrolle über ihr Denken. Durch den Alkohol wurden die Angst und die Tränen abgelöst von dem Gefühl, den nächsten Tag nicht zu erleben, geschweige denn zu überleben.

Alkohol war etwas, das Anne in die Tiefe zog. Jemand anders übernahm die Führung. Und dieser jemand wollte nicht leben, konnte nicht leben. Leben war für ihn das Schlimmste, das Unerträglichste. Aber Anne durchschaute es nicht – sie war in ein Karussell des Todes geraten. Der Kontakt mit Alkohol glich fast einer okkulten Sitzung: Sie wusste nie, was als Nächstes passierte.

Anne suchte nach logischen Erklärungen und fand keine. Stattdessen schlich sich eine gewisse Regelmäßigkeit ein, die Stimmung wurde zusehends trauriger und sie begann, ihr gesamtes Dasein infrage zu stellen. Ihre innere Qual dauerte an, wurde unerträglich, doch sie stand dem Geschehen machtlos gegenüber. Sie wusste nicht, wie oft sie dem Tod näher war als dem Leben, wie oft die Verzweiflung überwog oder sie einfach aufgeben wollte. Und dennoch gab all das den Ausschlag, um voranzukommen, um Hilfe anzunehmen.

Einsicht

Hilfe anzunehmen bedeutete auf Therapeutensuche zu gehen. Nicht leicht, schließlich fehlten ihr die Worte für ihren Zustand und sie wagte nicht, sich zu öffnen. Mehr noch, sie traute sich kaum zu sprechen, weil ihre Angst vor Menschen inzwischen unendlich schien. Bereits der Gedanke, aktiv werden und telefonieren zu müssen, versetzte sie in Panik.

Gleichwohl wählte sie sich, ohne über die geringste Ahnung der angebotenen Methoden zu verfügen, durch die Auflistung von Therapeuten. Übrig blieben bloß ein paar, jene hatten keinen Anrufbeantworter vorgeschaltet, setzten wenig Wartezeit voraus und störten sich nicht an der Tatsache, dass sie ihre Probleme nicht genauer beschreiben konnte.

Anne machte dort Therapieversuche. Doch die schlugen fehl, einer nach dem anderen. Schon das Kennenlernen war geprägt von Misstrauen, was sie stetig weiter zurückfallen ließ. Und jeder neue Anlauf kostete sie unsagbar viel Kraft, unsagbar viel Überwindung. Mut und Hoffnung schwanden, unaufhaltsam. Sie fühlte sich unverstanden, in den falschen Händen. Sie schaffte es nicht, etwas von sich preiszugeben – ihr Inneres wehrte sich strikt und ließ sich nicht enttarnen, beinahe, als ob es wusste, wohin das führen konnte. Ab dem dritten Therapeuten konnte Anne die Stimmen hören. Noch konnte sie die Stimmen nicht unterscheiden, aber deutlich wahrnehmen. Sie begegneten ihr aus dem Nichts, dachte sie jedenfalls, und diese Tatsache überforderte sie vollends.

Verzweiflung

Seit dem ersten Therapieversuch war über ein Jahr vergangen. Anne hatte längst den Boden unter den Füßen verloren, sie hatte sich verloren. Für ihren Zustand gab es keine Beschreibung mehr und erst recht kein Verständnis. Zumal sie selbst nicht verstand, was da mit ihr passierte.

Parallel zu ihrem Inneren, das nun permanent auf sie einredete, bestimmte diese nicht zu definierende Angst ihren Tag und wühlte sie auf. Bei allem, was sie tat, verfolgte sie die Angst, belagerte sie regelrecht. Zwar wollte Anne der Angst nicht nachgeben und versuchte sie wegzuschieben, ihr weniger Stellenwert beizumessen, doch die Angst ließ nicht von ihr ab und vereinnahmte sie. Allein das Klingeln des Telefons bedeutete Stress und Schweißausbrüche.

Abends ertränkte sie die Angst jeweils von Neuem, um die Nacht einigermaßen zu überstehen und wenigstens ein bisschen Schlaf zu finden. Der Morgen war furchtbar, dafür die Angst und die Albträume der Nacht kaum erinnerbar. Disziplin wurde zum Fremdwort und Annes Leben zur Grenzerfahrung.

Anne hielt ein Kreislauf gefangen, aus dem es kein Entkommen gab. Die Außenwelt lag in einem dichten Nebel und war nicht erreichbar. Aber die Angst steigerte sich noch – bald hatte sie Angst vor dem Leben und Angst vor sich selbst. Darüber hinaus verlor sie immer wieder Zeit und ihr fehlten die Worte für dieses Empfinden.

Jetzt hörte Anne Stimmen, für deren Herkunft ihr die Erklärung fehlte, sie wurde von Bildern verfolgt, die nicht ihre waren, die sie nicht zuordnen konnte und alles war überlagert von einer abscheulichen Angst.

Nach und nach begann man Anne anzusehen, dass etwas nicht stimmte. Ihr Körper ließ sich nicht täuschen, er nahm ihr die Exzesse übel, er war geschwächt. Aber sie verdrängte und beschönigte weiter, sie wollte den Körper in Vergessen hüllen, sich in Vergessen hüllen. Sie hatte schlicht Angst vor dem, was sie nicht verstand und betrachtete ihren Zustand als einen vorübergehenden, als Bagatelle. Annes Chaos war zu einer gewissen Normalität geworden, sie hatte sich daran gewöhnt.

Doch die Probleme blieben. Ihr Selbstbild hatte gelitten, ihr Ich war gefangen in der Isolation und sie wollte die Welt verstehen, vorerst. So suchte Anne sich erneut einen Therapeuten – und die Sitzungen dort unterschieden sich von den bisherigen. Trotzdem hätte sie nicht gewagt, die Stimmen zu erwähnen, die Bilder oder die Angst. Eigentlich konnte sie gar nicht sagen, weshalb sie Hilfe suchte. Irgendwie hatte sie eigene Regeln oder ihr Inneres hatte diese und das hielt sich geheim.

Er fragte nach Drogen, spulte seine Routine ab. Das Rätseln begann, ihr Inneres verbarg sich und er lief gegen Wände, gegen verschlossene Türen. Die Situation war paradox, einerseits brauchte Anne Hilfe, andererseits konnte sie jene nicht annehmen. Er saß ihr gut meinend und hilflos gegenüber, schaffte es nicht, sie zu erreichen. Die Atmosphäre war erdrückend. Er drängte Anne zu reden, immerhin wollte sie Hilfe von ihm und nicht umgekehrt, außerdem hatte jeder sein Päckchen zu tragen.

Anne glaubte in seiner Gegenwart zu ersticken, konnte aber nichts sagen. Ihr Tempo war nicht sein Tempo, er war ihr zu schnell, schließlich kannte sie ihn nicht. Er wollte Details, ihr Leben durch das Auge einer Kamera an die Leinwand geworfen. Sie hätte ihm auch ohne Leinwand bloß Daten und Fakten nennen können. Alles normal, wie sich das gehörte, keine besonderen Vorkommnisse. Er wollte ihre wahren Gedanken, doch Anne hatte keine. Sie wollte die Wahrheit, falls es die überhaupt gab, nicht zulassen.

Entsprechend blieben die ersten Sitzungen ergebnislos. Die nächsten verliefen ähnlich schweigsam. Er verlangte unbedingte Offenheit und begann ihre derzeitigen Verhaltensweisen zu hinterfragen – und wurde zusehends ungehaltener. Es war ein hoffnungsloses Nichtverstehen. Ihre Wege trennten sich, bevor die Würde des anderen verletzt werden konnte. Anne fühlte sich um Jahre zurückgeworfen und stellte infrage, ob eine Therapie tatsächlich der richtige Weg war. Der Satz, dass jeder sein Päckchen zu tragen hatte, blieb ihr in den Ohren. Anscheinend gab es Menschen, die eine Menge schlimmer Dinge erlebt hatten und dazu zählte sie sich nicht. Verglichen mit ihnen fand sie sich eher auf der Siegerstraße.

Und wieder verstrich kostbare Zeit. Anne hielt sich mit diversen Gelegenheitsjobs über Wasser, weil sie dem normalen Arbeitsalltag nicht mehr gewachsen war. Die Versagensangst, die Vergesslichkeit und der Konzentrationsmangel waren zu groß geworden. Der Tagesablauf hatte sämtliche Struktur verloren, aber das war ihr egal, ihr war alles egal. Sie fühlte sich innerlich leer, ihr fehlte der Antrieb, der Sinn. Ihre Höhen und Tiefen wurden unerträglich, sie konnte nicht klar denken. Anne war mit sich beschäftigt und wehrte sich zugleich dagegen, lenkte sich von sich ab.

Tiefer Fall

Anne entglitt das Leben oder umgekehrt, Anne entglitt ganz langsam dem Leben. Sie gab sich selbst aus der Hand und hatte keine Kraft das zu ändern, sie verspürte nicht einmal die Notwendigkeit. Sie sah keinen Ausweg, keine Perspektive. Alle weiteren Entscheidungen lagen bei ihr, nur bei ihr. Sie schämte sich für ihren Zustand, für ihr Denken, aber sie konnte nicht anders.

Trotzdem entschied sie sich für einen weiteren Therapieversuch. Annes Misstrauen war einer gewissen Gleichgültigkeit gewichen. Doch es wurde nicht leichter, im Gegenteil: Sie hielt den Druck in sich nicht aus. Sie hatte begonnen, sich nach dem Tod zu sehnen, sie war innerlich zerbrochen. Die vergangenen Monate hatten mit einem Genesungsprozess nichts gemein.

Und eine Problemlösung durch Medikamente bedeutete Psychiatrie und das stand nicht zur Diskussion. Außerdem war sie lange genug vor ihren Problemen weggelaufen und die Bandbreite der emotionalen Fehlreaktionen hinreichend bekannt. Der Enthusiasmus zahlte sich aus. Entgegen all ihren Erwartungen fand sie einen passenden Therapeuten. Hoffnung keimte auf und ließ sie ihre Sprache wieder finden.

Der Mann wirkte offen und klug. Anne war froh, dass sie ihn gefunden hatte. Bei ihm fühlte sie sich geborgen und geschützt, langsam kehrte ihr verloren geglaubtes Vertrauen zurück. Allein deshalb ging es ihr besser. Sie war dankbar und begann ihr Chaos in Worte zu fassen. Sie verschwieg nichts, nicht einmal die Existenz der Stimmen.

Doch die Odyssee nahm kein Ende. Er erfasste ihr Dilemma und äußerte vorsichtig seinen leisen Verdacht. Sofort fühlte Anne sich in eine Schublade gesteckt, in die Enge getrieben. Zum Beweis oder zur Bestätigung des Verdachts kam es nicht – keine Aufklärung, keine Erklärung, weder über ihren Zustand noch über ihren Verbleib oder ihre Zukunft. Er lehnte die weitere Behandlung ab, mit der Begründung überfordert zu sein. Mit ihm wäre sie auf Spurensuche gegangen, er hätte es geschafft, zu ihrer Seele vorzudringen. Anne fiel abgrundtief, fühlte sich einsam und allein. Das Tor zur Welt hatte sich verschlossen.

Von ihrem Freundeskreis hatte sie sich inzwischen endgültig distanziert. Es gab noch ein paar sporadische Kontakte, aber die waren ihr nicht wichtig. Ihr fehlte die Ehrlichkeit, außerdem lebten sie in verschiedenen Welten. Niemand durchschaute Anne oder war bereit sich auf sie einzulassen und umgekehrt genauso wenig. Sie hatte sich aufgegeben, ihr Leben glich einem stummen Dahinsiechen.

Mittlerweile sprachen die Stimmen zu Anne, nur zu Anne, nicht untereinander. Sie schienen sich untereinander gar nicht zu kennen. Rätselhafterweise waren sie nicht immer da. Sie tauchten auf, wenn Anne einer Situation nicht gewachsen war oder eine Entscheidung hätte anders treffen können. Ähnlich dem Gewissen, das sich bemerkbar machte.

Manchmal musste Anne über sich lachen, weil eine der Stimmen plötzlich einen Witz machte oder die Lage vollkommen falsch interpretierte. Richtig lustig fanden sie Menschen mit staubtrockenem Humor. Abgesehen davon, dass es mehrere Stimmen waren, unterschieden sie sich in ihrer Reife, in ihrer Entwicklung. Einige waren kindlich, andere pubertär oder erwachsen und das Geschlecht war auch nicht identisch.

Abgründe

Annes Angst vor sich selbst wuchs, stieg ins Unermessliche. Sie versuchte alles zu ertränken – die Stimmen und die Bilder, welche sie erinnern wollten und die Anflüge von Panik, die ihren Körper angriffen.

Nahezu zeitgleich begann ein Teil in ihr zu leben, der eigentlich sterben wollte, für den sterben die Erfüllung war. Doch Anne erkannte es nicht. Sie erkannte den Wolf im Schafspelz nicht, der lebendig wurde, weil er auf Alkohol reagierte. Er brauchte den Alkohol, wie ein Fisch das Wasser. Und Anne brauchte offenbar die fast alltägliche Begegnung mit dem Tod. Irgendwie hatten die beiden einen Pakt geschlossen. Trotzdem schien es diesem Anteil zu gelingen, alle anderen, inklusive Anne, ins Abseits zu drängen. Die dafür notwendige Bedingung war Alkohol und Annes spärliches Begreifen.

Dieser Anteil war abhängig, abhängig von Alkohol und abhängig von Anne, schließlich beschaffte sie ihm welchen. Sie war zu einem Instrument geworden. Das war nicht ihre Sucht, aber sie war bereit, seine Sucht zu unterstützen, sich von ihm aufsaugen zu lassen. Sobald er agierte, wurde Anne in den Hintergrund gedrückt. Er war der Stärkere und drängte sie weg. Ein Rollentausch, denn nun übernahm er die Kontrolle und er duldete niemanden neben sich. Der Anteil hatte keine Moral, keine Achtung. Wenn er die Oberhand gewann, waren die anderen nicht mehr existent. Anne probierte, sich verzweifelt Grenzen zu setzen, den Alkohol einzuschränken. Doch er vereinnahmte sie und setzte sie außer Gefecht. Diese Zeit fehlte ihr, als ob sie sie verschlief.

Mitunter hatte Anne das vage Gefühl, dass sich ein Dritter erbarmte und dazwischen ging, bevor der Abend in einer Katastrophe enden konnte. Annes Aufgabe bestand darin, nachtfertig ins Bett zu gelangen und vorher die Flaschen zu beseitigen – gewissermaßen automatisch zu funktionieren.

Am Morgen wunderte Anne sich regelmäßig, dass es sie noch gab, und dass sie die letzte Nacht überlebt hatte, an das Wie konnte sie sich nicht erinnern.

Zugleich wusste sie, der nächste Abend und die nächste Nacht kamen bestimmt und wieder würde sie nichts verhindern können. Ein Stück weit hatte sie sich selbst abhängig gemacht, von etwas, das sie zerstörte.

Ihr inneres Desaster hielt sie am Boden. An manchen Tagen konnte sie die Wohnung nicht verlassen. Jeder Schritt war begleitet von panikartigen Zuständen, von der Angst sterben zu müssen oder schlimm verletzt zu werden – fast, als müsste die Fantasie der Realität weichen.

Obwohl Anne dringend Hilfe brauchte, lief sie davon. Sie wollte den Absprung schaffen, aber sie hatte keine Lust auf Vorurteile oder schlicht Angst zu vertrauen, Angst erneut enttäuscht zu werden. Die Ernüchterung der ersten Therapieversuche saß erschreckend tief. Und eigentlich konnte sie sich nicht vorstellen, dass die Bilder und die Stimmen durch Gespräche verschwinden sollten.

Besagte Bilder verfolgten Anne anfangs hauptsächlich nachts, in ihrer Intensität abgeschwächt durch den Alkohol. Doch bald holten sie sie in gleichem Maße auch tagsüber ein. Gerade, als ob sich der dicke Vorhang einer Bühne geöffnet oder sich eine Falltür zu verschütteten Erinnerungen aufgeklappt hätte. Verschiedene Bilder von verschiedenen Situationen, die immer wieder puzzleartig auftauchten und sich vor ihre Augen schoben. Gelegentlich gesellte sich ein fremdartiges Gefühl dazu, mit dem sie ebenso wenig anfangen konnte.

Irgendwann fand Anne heraus, dass die Stimmen zu bestimmten Bildern gehörten oder sich diese zu Eigen machten, sich mit diesen identifizierten und zeitweise zu leben begannen. Ganz langsam verstand sie, dass in ihr andere, fremde Personen lebten und ihren Körper beanspruchten, ihr Denken beeinflussten. Das konnte sie niemandem erklären, ihr hätte keiner geglaubt. Ihr Status war schlecht, schier aussichtslos. Anne war einsam, sie fühlte sich verlassen und unglaubwürdig. Sie erhoffte sich ein Ende oder einen neuen Anfang, besser und woanders.

Anne hatte längst aufgehört sich zu belügen, ihr Leben war kein Leben mehr. Jeder Tag, jede Stunde ließ sie resignieren. Sie betrachtete ihr Dasein als Zumutung, für sich und insbesondere für ihre Umwelt. Die Sinnfrage und die Schuldfrage wechselten sich ab, doch sie bekam keine Antworten. Ihr Gefühlschaos war zum Lebensinhalt geworden, sie hielt sich für lebensuntüchtig und war allein. Obgleich sie nun etwas zu unternehmen, sich für einen neuen Anfang zu entscheiden beschloss, ließ sie die Option für ein Ende weiterhin offen.

Selbsthilfe

Um der nächsten therapeutischen Bauchlandung vorzugreifen, musste Anne sich gezwungenermaßen selbst helfen. So sah sie keine vernünftigere Alternative, als Kontakt zu den Stimmen und den Bildern aufzunehmen, um einen Fokus auszumachen. Anne spürte, dass sie keine Chance hatte, wenn sie nicht bereit war, mit den Stimmen zu sprechen oder diese zu ergründen. Sie musste handeln, um durchzuhalten, um zu überleben. Sie musste sich mit ihrem Inneren konfrontieren. Dennoch fürchtete und erwartete sie „das große schwarze Loch", das sie verschluckte und schlimmstenfalls für immer verschwinden ließ. Vielleicht auch den Tod, der hinter den Stimmen und Bildern auf sie lauerte, der sie auf seine Seite zog und sie befreite.

Nichtsdestotrotz schloss Anne die Augen und versuchte, sich auf ihr Vorhaben zu konzentrieren, sich einzulassen. Postwendend nahm sie ein Sog gefangen, der sie von der äußeren Realität zu einer inneren Realität führte. Ihr Kopf schien zu platzen, ehe sich ein Gefühl von totaler Leere einstellte. Sie hatte Angst und ihr wurde schwindelig, als ob sie in sich selbst verschwand, sie von ihrem Körper in den Kopf reiste. Nur noch Anne und um sie herum nichts. Annes Körper war entspannt, nicht mehr zu spüren und unwichtig geworden. Ihre Augen richteten sich nach innen, sahen durch ein großes Fenster, stiegen ein und entdeckten eine zweite Welt, eine düstere Welt.

Das Innen

Direkt vor Anne tat sich eine lebende Quelle von Bildern auf. Bilder wie ein Daumenkino, mit einer furchtbaren Geräuschkulisse – Schreie und Tränen, überall Tränen. Sie ertrug es kaum, hinter die Bilder zu sehen. Für einen kurzen Moment fielen sämtliche Mauern und Menschen zeigten sich, die darin zu leben schienen. Da waren Kinder, große und kleine, Personen aller Altersklassen, ein wirres Durcheinander. Anne wagte den Blick nach innen und fand dort die Trümmer ihrer Seele. Es waren Anteile von ihr, die eine eigenartig anonyme Gemeinschaft bildeten.

Sie warteten längst, dass Anne sie fand und sie waren viele. Das Geschehen überforderte Anne, aber sie blieb. Einige lehnten sie ab, wendeten sich ab und beachteten sie nicht. Andere wiederum suchten ihre Nähe oder redeten auf sie ein. Doch Anne stand dem ohnmächtig gegenüber, sie konnte nicht glauben, was sie dort sah, was sich dort abspielte. Sie schien eine Menge verpasst zu haben. Offenbar gab es Dinge, die gewesen, aber nicht vergessen waren. Ihre Gedanken überschlugen sich, die Eindrücke waren zu mächtig. In ihr fand Leben statt und sie wusste nichts davon. Sie selbst führte ein Leben draußen, während sich ein zweites Leben in ihrem Kopf abspielte, an dem sie nicht teilhatte oder über das sie nicht das Sagen hatte.

Dieser Ort lag jenseits der Träume, obwohl er Anne genauso unwirklich vorkam. Die Bilderflut und die hinter den Mauern versteckten Personen, welche ihr gar nicht allzu fremd vorkamen, waren der blinde Fleck ihrer Vergangenheit. Und doch hatte sie das komische Gefühl, dass das nur der Anfang war, es womöglich weitere Anteile gab, von denen sie nichts wusste, die sie nicht sehen konnte – die sich unter Umständen außerhalb der vorgestellten Uhr befanden und ihr auf unerklärliche Weise ebenfalls Zeit wegnahmen. Die Zeit, von der sie immer glaubte, sie zu verlieren.

Anne war in eine vermeintlich andere Welt geraten, in eine andere Sphäre gerutscht und trotzdem hatte sie das Gefühl, die Zentrale zu sein. Sie musste etwas tun, sie musste einen Weg gangbar machen. Sozusagen in einem Experiment versuchen, Raum und Zeit zurückzugewinnen.

Anne wollte sich, ihrem Instinkt folgend, eine Innenperson heraussuchen, die ihr weiterhalf und die bereit war, mit ihr zu reden. Aber sie gehörte nicht in diese Welt. Zweifel und Unsicherheit machten sich breit. Sie war nur Zuschauerin und es musste ihr gelingen, eine Person ausfindig zu machen, die kooperieren wollte, sonst trat sie mit ihrer Anwesenheit eine Lawine los.

Anne war vorsichtig und ließ das Treiben lange auf sich wirken. Bis sie eine etwa gleichaltrige weibliche Person wahrnahm, die nicht eingemauert war, die sich im Innen frei bewegen konnte und die ihr gegenüber anscheinend keine Abneigung zeigte. Doch die Situation war schwierig. Anne wusste nicht, ob sie sich auskannte oder den notwendigen Überblick hatte, und sie wusste nicht, wie sie sich verhalten sollte. So wartete sie beinahe zwangsläufig auf ein Signal von der anderen Seite.

Und das Signal kam prompt. Die Innenperson näherte sich Anne und stellte sich vor, namentlich. Anne fehlten die Worte, wobei die Sprache eine universelle war. Mit dieser Offenheit hatte sie nicht gerechnet, sie fühlte sich unterlegen und noch weniger dazugehörig. Aber Anne fand sie sympathisch, außerdem war sie eine von denen, die sie nicht mit Bildern bewarf oder ihr diese zum Vorwurf machte.

Der Tumult, der Aufruhr drinnen war enorm. Dies schlicht zur Kenntnis nehmend, teilte die Innenperson Anne ruhig und bestimmt mit, dass sie nicht mehr in der Lage war und auch keine Lust mehr hatte, das innere Drama zu organisieren. Anne stand verwirrt daneben. Diese Frau war die notwendige Schlüsselfigur, die die Funktion hatte, jene düstere Welt von ihr und dem alltäglichen Leben fernzuhalten. Und genau damit war sie mittlerweile überfordert. Anne wartete auf einen Kurzschluss, der das Ganze beenden sollte, doch es gab keinen.

Stattdessen ergab sich eine Debatte zwischen beiden. Sie mussten überlegen, was jetzt geschehen sollte, denn viele Türen standen ihnen sicher nicht offen. Nach einigem Abwägen und entgegen Annes Überzeugung, entschieden sie sich für eine Therapie, die letzten Endes unumgänglich war. Trotz der Einigkeit, fast Klarheit blieb die Situation zum Zerreißen gespannt. Irritiert verabschiedete Anne sich, glitt durch das Fenster und beendete die Expedition.

Das Außen

Der Weg zurück in die Realität verlief emotionslos. Anne wendete sich nach außen und beschloss, schnell wieder zu vergessen, was sie gerade erlebt hatte. Mit der eigenen Person in den Dialog treten zu können, war nicht genial, sondern krank. Schließlich hatte kein Gespräch im ursprünglichen, im wörtlichen Sinne stattgefunden, das für jedermann erklärbar war, sondern eher ein telepathischer Gedankenaustausch.

Und insgeheim hoffte Anne, dass das bloß ein großer Irrtum war, bloß ein Produkt ihrer Fantasie. Es schien zu dunkel, zu böse, um wahr zu sein. Gleichzeitig aber hatte sie Angst, dass sie sich das alles nur einbildete, sie wollte nicht als völlig verrückt gelten – und das wiederum überstieg den eigentlichen Leidensdruck bei Weitem. Dementsprechend hätte sie am liebsten ihr gesamtes Inneres ausgelöscht und so alles ungeschehen gemacht. Doch die Personen in ihr lebten und sie hatten ein Recht darauf, was sie erst viel später verstand.

Die Kontaktaufnahme mit sich selbst war ein Kraftakt, der ihr sämtliche Energie entzogen hatte. Sie war tagelang erschöpft und unentschlossen, unfähig um Rat zu bitten. Doch Annes Problem war zu komplex geworden, innerer Protest meldete sich an. Die Stimmen begannen, auf sie einzureden und ihr Zeit wegzunehmen. Die Bilder attackierten sie, bedrohten sie regelrecht. Jenen Zustand hielt sie nicht aus, sie brauchte Hilfe. Aber ihre Skepsis, sich auf fragwürdige Weise von fragwürdigen Menschen enträtseln zu lassen, dominierte.

Folglich blieb ihr keine andere Wahl, als sich nochmals nach innen zu wenden. Anne musste ihr System genauer entschlüsseln, sie musste wissen, was sie in sich verbarg oder sie würde den Kampf gegen sich verlieren. Außerdem wünschte sie sich, die Bilderflut einzudämmen, sie wollte sich nicht länger ausgeliefert fühlen. Und bevor sie jemanden um Rat fragte oder Einblick in ihr Chaos gewährte, musste sie zumindest ansatzweise die Struktur verstanden haben. Das war ein Kompromiss, der sie ein wenig zur Ruhe kommen ließ.

Allerdings stand sie der wiederholten Kontaktaufnahme etwas gespalten gegenüber – sie hatte sich nicht an die gemeinsame Abmachung gehalten und einen Therapieplatz ausfindig gemacht. Anne wollte es zwar, aber das wusste ihr Inneres ja nicht. Im Grunde war überhaupt nicht sicher, was ihr Inneres wusste und was nicht. Womöglich kannten einzelne Anteile die Regeln der Gesellschaft, die raue Wirklichkeit draußen. Oder sie hatten Anne ständig im Visier und warteten auf den passenden Moment, um auszubrechen. Oder es gab von vorneherein zwei Fronten, zwei Sichtweisen, nämlich ihre und Annes. All das galt es herauszufinden, obgleich sie sich vor dem unbekannten Geschehen in sich fürchtete. Sie wusste nicht, was die Personen mit ihr anstellen konnten oder würden.

Erneute Einblicke

Samt aller Ängste und Widerstände schloss Anne die Augen und ließ sich ein. Sie konzentrierte sich nicht auf das gesamte Innere, sondern primär auf die Innenperson, die sie bereits kannte und es funktionierte. Im Vergleich zum ersten Mal tauchte sie überraschend leicht und schnell in den Zustand der Schwerelosigkeit ein.

Anne glitt bis zum Fenster. Ihre Sehnsucht zu begreifen war groß, aber nicht groß genug, als dass sie freiwillig die Seiten gewechselt und neuerlich in das Elend geschaut hätte. Die Person, die schon hinter dem Fenster stand und wartete, hieß Nicole und sie bat Anne, sie künftig bei ihrem Namen zu nennen, falls sie mit ihr sprechen wolle. Diesmal war Anne vorbereitet – auf Nicole und auf eine Diskussion. Beide mochten sich und sie verstanden einander, die Sympathie vom letzten Treffen war erhalten geblieben.

Nicole erzählte, dass die meisten der innen lebenden Personen einen Namen trugen. Darüber hinaus charakterisierten sich die einzelnen durch ganz individuelle Merkmale, durch bestimmte Funktionen oder Handlungsweisen, nach denen sie sich mitunter benannten. Und soweit Nicole das beurteilen konnte, hatten die Anteile verschiedene Bedürfnisse, verschiedene Eigenschaften oder Interessen. Sie unterschied Anteile, die sich öfter sehen ließen und Anteile, die sich kaum zeigten und welche, die sich vollkommen eingemauert hatten.

Anne erwähnte die Zeit, die sie regelmäßig verlor. Nicole löste das Rätsel – einige der Innenpersonen beanspruchten den Körper und schoben sich an Anne vorbei, drängten sie weg, um nach außen zu gelangen. Nachdenklich äußerte Nicole die Vermutung, dass es eventuell weitere Personen gab, die sich nicht in ihrem Zuständigkeitsbereich befanden. Wie Anne ahnte also auch Nicole von deren Existenz und ein gutes Gefühl hatten beide nicht. Zumal Nicole manche der eigenen Anteile, die sozusagen auf der Uhr lebten, weder genau kannte noch richtig einzuschätzen vermochte. Und beide befürchteten, dass die vermutlich außerhalb der Uhr lebenden Anteile auf ähnliche Weise Körperbesitz anmelden konnten.

Nicole entschuldigte sich dafür, dass sie gelegentlich die Bilder und die Stimmen herausließ, weil der Druck im Innen zu groß wurde. Sobald sie das Fenster öffnete, konnte ein Lüftungseffekt erzielt werden. Außerdem hatte Nicole gehofft, auf diesem Weg Annes Aufmerksamkeit, Annes Interesse zu erwecken, ohne sie dabei angreifen zu wollen.

Nicole strengte das Gespräch an. Ihre Erscheinung wurde zunehmend blasser, durchsichtiger und weniger fassbar. Sie hatte Anne erst einmal genug Informationen gegeben, für nähere Einzelheiten war es eindeutig zu früh. Nicole war müde und bat, gehen zu dürfen. In Anne machte sich Erleichterung breit. Sie bedankte sich, versprach einen Therapieplatz zu suchen und ging ebenfalls.

Anne wurde ruhiger, gelassener, sie wusste jetzt, was sie wissen musste, um voranzukommen. Und trotzdem ermahnte sie sich zur Vorsicht – bisher kannte sie die Masse an Bösartigkeit nicht, die sich in ihrem Inneren verbarg. Doch die Begegnung mit Nicole war ein Geschenk, mit ihrer Unterstützung konnte sie das Chaos bewältigen. Ohne sie und ihr Wissen hatte sie keine Chance. Umgekehrt waren Nicole und Co. auf Anne angewiesen. Sie brauchten sich gegenseitig, sie profitierten voneinander.

Und wieder war es die Hoffnung, die Anne Kraft gab. Gleichzeitig mischte sich in die Hoffnung Angst, Angst vor der Zukunft und Angst vor dem Leben. Und damit es überhaupt eine Zukunft geben konnte, brauchten sie professionelle Hilfe.

Endlich Hilfe

Anne war bereit für einen neuen Anlauf, ihren achten, und wurde aktiv. Auch wenn sich Therapeuten wie Sand am Meer streuten, sie war vorgeschädigt und zudem der „Frosch mit der Maske". Doch sie hatte Glück und geriet diesmal an eine Therapeutin, die sich ernsthaft auf sie einließ. Sie nahm Anne an, aber Anne konnte sich nicht öffnen, sie hatte Angst, ihre Insel zu verlassen.

Den Hang zur Melancholie, die Ängste und die Bilder sprach Anne an, doch die Stimmen und ihr frisch entdecktes Innenleben erwähnte sie vorsichtshalber nicht. Obwohl sie sich mit sich selbst auseinandersetzen musste, wagte sie nicht, die Maske herunterzuziehen. Vielleicht, um die Harmonie, die scheinbare Intimität nicht zu gefährden. Und schließlich sah das Ungewöhnliche gewöhnlich aus.

Die Therapeutin stieg mit der Frage ein, ob Anne in ihrer Wohnung gelegentlich Zettel mit fremden Handschriften fand, deren Herkunft sie nicht erklären konnte. Von sich aus hätte Anne bestimmt kein Wort über diese Funde verloren. Dauernd begegneten ihr irgendwelche losen Zettel, auf denen Dinge standen, die sie nicht geschrieben hatte. Manchmal standen Telefonnummern darauf oder ein Name oder zu erledigende Einkäufe. Nicht einmal Unwichtiges, eher Alltägliches und Lebensnotwendiges. Sie erstarrte jedes Mal und fühlte sich verfolgt – offensichtlich kannte sie jemand genau und spielte sein Spiel mit ihr. Aber sie hatte sich daran gewöhnt und paradoxerweise schien sie zu wissen, dass diese Zettel nicht bedrohlich waren.

In abwartender Vorsicht bejahte Anne die Zettelfrage, woraufhin sie einen kompletten Fragenkatalog präsentiert bekam. Jener war für Anne neu, hinderte sie aber nicht daran, ihren knappen Antwortstil zu ändern oder ihr eigentliches Denken preiszugeben. Denn sobald sie sich beobachtet fühlte, kamen ihr immer die absurdesten Gedanken. Inzwischen schob sie das auf ihr Innenleben, das von der freien Meinungsäußerung Gebrauch machte. Diese Gedanken konnte man zwar nicht hören, doch sie spiegelten klar das innere Durcheinander wider.

Plötzlich fiel ihr einiges ein, das sie bisher als selbstverständlich erachtet hatte. Es gab gewissermaßen Stunden, in denen sie etwas beherrschte und es gab welche, in denen beherrschte sie das Gleiche nicht. Heute konnte sie ihr Auto reparieren und morgen nicht, sie wusste knapp die Motorhaube zu öffnen. Besagtes Problem trug Anne seit der Schulzeit mit sich herum. Entweder gehörte sie zu den Klassenbesten oder zu den Schlechtesten. An einigen Tagen kannte sie alle Formeln auswendig, an anderen war sie schon mit dem kleinen Einmaleins überfordert. Sie hatte sich mit der Tatsache arrangiert, dass ihr das Wissen in der Gesamtheit nicht jederzeit zur Verfügung stand. Abitur und Studium waren trotzdem möglich. Konstante Leistungen blieben dagegen reines Wunschdenken.

Doch die Therapeutin erkundigte sich nach viel essentielleren Dingen, wie Kopfschmerzen. Und die waren ein regelmäßiges Übel, eine hartnäckige Begleiterscheinung. Anne konnte sämtliche Schmerzmittel, die der Arzneischrank hergab, zugleich einnehmen, ohne Erfolg. Die Medikamente, egal wie hoch sie sie dosierte, zeigten keine Wirkung.

Dem folgte die Frage, wie Anne sich empfand und wie sie sich wahrnahm oder ob sie sich manchmal als unwirklich erlebte. Ob sie mitunter glaubte, nicht zu ihrem Körper zu gehören, sich sozusagen irreal fühlte. Dieses Gefühl war schwer zu erklären, aber ihr durchaus bekannt. Und nicht nur, wenn sie in den Spiegel sah. Anne glaubte, häufig neben sich zu stehen und dass alles an ihr vorbei lief. Die Dinge passierten ohne sie, obwohl ihr Körper vor Ort war. Ging sie beispielsweise einkaufen, gehörte sie nicht zu dem Körper, der unterwegs war. Sie war die Begleitung, die zwar funktionierte, den Vorgang aber nicht aktiv steuern konnte. Irgendwie anwesend und doch nicht anwesend.

Anschließend sollte Anne einen groben Überblick von ihrem Leben, ihrer Vergangenheit geben. Dieser war kurz und was sie ad hoc entsinnen konnte, war unauffällig. Einzelheiten waren nicht abrufbar, nicht wichtig oder nicht erinnerbar. Daten und Fakten kannte sie zweifelsohne. Einen lückenlosen Bericht über ihre Kindheit, ihr Aufwachsen konnte sie wiederum nicht bieten.

Beim Thema Eltern musste Anne ebenfalls passen – alles normal, keine besonderen Vorkommnisse. Und andere Bezugspersonen gab es nicht. Seit dem Abitur wohnte sie alleine und finanzierte sich alleine, dementsprechend war der elterliche Kontakt eher sporadisch. Einerseits zog es sie dorthin, andererseits hatte sie eine Aversion gegen die beiden. Inzwischen konnte Anne ihre diesbezügliche Zerrissenheit, ihre Ambivalenz akzeptieren und die Heimatbesuche einschränken. Ob ihre Eltern je bei ihr waren, vermochte sie nicht zu sagen, sie wusste es nicht.

Die Therapeutin nahm letztere Gedächtnislücken zur Überleitung. Sie wollte wissen, wie oft und seit wann Anne diese Aussetzer hatte und in welchen Situationen. Anne erzählte bereitwillig von ihren Eskapaden, und dass sie manchmal gar nicht wusste, wie sie ihr jeweiliges Fahrtziel erreicht hatte, ihr Auto suchte und eigentlich mit dem Bus unterwegs war oder dass sie sich plötzlich an fremden Orten wiederfand.

Als Nächstes wurde das soziale Umfeld abgesteckt und Anne wurde sichtlich nervös. Sie hatte sich zurückgezogen und die meisten Kontakte abgebrochen. Bisweilen ertrug sie niemanden um sich und mied Menschen. Nach außen funktionierte sie dennoch, sie ließ nichts durchdringen, ihre Fassade war perfekt. Und nun erwartete sie, dafür verurteilt zu werden, aber die Therapeutin hielt sich bedeckt.

Fragen über Fragen und Anne hatte das Gefühl, die Fragen würden ihr nie ausgehen. Sie arbeiteten sich nach vorne, Seite um Seite. Die Therapeutin wurde zusehends aufmerksamer und Anne verließ die Konzentration, sie hatte keine Lust mehr. Das Stimmengewirr in ihrem Kopf machte sich bemerkbar und je unkonzentrierter sie wurde, desto schlimmer wurde es. Oder umgekehrt, Anne konnte sich nicht konzentrieren, weil die Stimmen zu hören waren, versuchte sich aber nichts anmerken zu lassen.

Beim Thema Suizidversuche oder -Absichten wurde es allerdings kritisch. Zum ersten Mal fühlte sich ihr Inneres angesprochen. Anne verneinte, indes begannen ihre Hände zu zittern und sie wurde knallrot. Es gab keinen Versuch, auch keine Absicht, da war sie sicher und trotzdem konnte sie gegen die Reaktion ihres Körpers nichts tun. Obwohl sie keinen Alkohol getrunken hatte, verlor sie die Kontrolle und kam dem nächtlichen Zustand erschreckend nah. Doch diesmal ließ sie sich nicht wegdrängen oder aufsaugen, sie wehrte sich.

Zugleich kam Anne ein furchtbarer Verdacht – die Stimme bzw. die Person, die den Alkohol brauchte, schien das Gespräch verfolgen zu können, das sie gerade führte. Ihr schwante Böses. Die Stimmen wurden lauter, ungehaltener. Annes Körper tat, was er wollte, sie bekam Angst und beharrte darauf, dass es keinen Suizid in der Vergangenheit gegeben hat und bestimmt keine Absichten bestanden. Sie hoffte, wenigstens einigermaßen glaubwürdig zu erscheinen.

Nächste Frage: Vorangegangene Behandlungen und eventuelle Diagnosen oder Klinikaufenthalte. Postwendend kehrte Annes Angst vor erneuter Ablehnung zurück. Am liebsten hätte sie erzählt, was sich bisher zugetragen hatte, aber sie sagte nichts. Und eine tatsächliche Diagnose, abgesehen von Depression oder Angsterkrankung, gab es nicht.

Widerwillig erinnerte sie sich an ihren letzten Therapieversuch, sie wollte nicht noch einmal in einer zugeklappten Schublade enden und wurde unruhig. Zum Gehen bereit und auf die nächste Ironie des Schicksals gefasst, hämmerten die Stimmen auf sie ein. Sie riefen Anne abwechselnd das Wort „Feigling" zu und diese erstarrte. Sie probierte inständig ihre Verunsicherung zu verbergen, doch die Stimmen ließen keine Ruhe. Anne erkannte Nicole, die Schlüsselfigur ihres Innenlebens. Die Therapeutin saß Anne gelassen gegenüber und wartete auf Antworten. Anne konnte nicht, sie wollte, aber sie konnte nicht. Nicole wurde lauter, deutlicher, drohte ihr, das Problem selbst in die Hand zu nehmen. Anne war entsetzt, sie sollte gefälligst bleiben, wo sie war. Und während sie das dachte, entglitt ihr das Wort „Quatschkopf". Von ihrer Reaktion irritiert und nicht wissend, was eben geschehen war, versuchte Anne dem beobachtenden Blick der

Therapeutin auszuweichen. Nicole und der Rest ließen von ihr ab, wendeten sich wieder nach innen und überließen Anne das Feld. Diese wünschte sich ein Loch, indem sie versinken konnte – es gab keins. Dafür gab es auch keine Fragen mehr.

Die Therapeutin hatte ihren Ausgangspunkt, der Ursache und Wirkung ausmachte, gefunden. Sie kam zum Schluss und sprach die Stimmen an, denn für die weitere Arbeit waren sie Voraussetzung. Irgendwie war Anne froh, das Versteckspiel hatte ein Ende gefunden. In ihrem Kopf herrschte ein totaler Leerezustand. Beeindruckt von den letzten Stunden, brauchte sie Zeit zum Nachdenken. Abgesehen vom nächsten Termin, bekam sie den Auftrag Tagebuch zu schreiben – sich etwas zu sortieren.

Nach eigener Einschätzung war sie wieder in einer Schublade gelandet, allerdings ohne Wertung und Zensur. Was sie von alldem halten sollte, wusste sie nicht. Die Therapeutin unterschied sich, sie besaß Tiefgang und wirkte menschlich. Anne war erstaunt und überfordert, sie hatte sich längst abgewöhnt, an das Gute zu glauben.

Die Warnung

Knapp zu Hause angekommen, nahm die Müdigkeit überhand. Die Erschöpfung war enorm und ersparte Anne das ansonsten endlose Grübeln. Im Einschlafdämmerzustand meldete sich Nicole, sie wartete bereits am Fenster. Ohne Anstrengung oder eigenes Dazutun zog es Anne dorthin. Die Wut über Nicoles Dazwischenreden war weitgehend verflogen oder durch die Müdigkeit unbedeutend geworden.

Nicole berichtete von der inneren Unwetterlage. Einige Personen schienen die Therapieentscheidung als Eingriff in ihre Privatsphäre zu betrachten und bedrohten nun Nicole. Wobei sie selbst von der Richtigkeit der Entscheidung überzeugt war, genauso von der Wahl der Therapeutin. Auch die Idee mit dem Tagebuch fand sie gut, in ihren Augen eine Möglichkeit, die eingemauerten Anteile hervorzulocken.

Anne verstand nicht, was Nicole sagen wollte und hoffte, ihren Redeschwall zu unterbrechen. Doch Nicole ließ sich nicht unterbrechen, sie duldete keinen Einwand. Im Innen eskalierte es offenbar. Die Anteile bedrohten sich gegenseitig und fühlten sich zugleich von etwas Mächtigem, das sie nicht kannten, bedroht. Nicole überschlug sich und ermahnte Anne zur Vorsicht. Außerdem schienen sich mehrere Personen abzuwenden. Sie drehten sich weg, weil sie einen männlichen Therapeuten wollten und jetzt die Therapie verweigerten. Anne war müde und konnte nicht folgen. Sie wollte Abstand, Abstand von Nicole und insbesondere Abstand von ihrem Innenleben – es waren schlicht zu viele Eindrücke.

Und statt über das Gesagte nachzudenken, schlief Anne ein. Doch leider ohne die unbedingt notwendige Distanz. In einem Zustand von extremer Müdigkeit vermochte sie das imaginäre Fenster, das sie von ihrem Inneren trennte, nämlich nicht geschlossen zu halten. Anne wurde hindurch gesogen und befand sich plötzlich auf der anderen Seite. Von der Schläfrigkeit benommen, erklärte ihr Nicole, dass das Fenster eine Schutzbarriere darstellte, die verschwand, sobald der Bewusstseinszustand sich veränderte. Und da Anne vorhin nicht reagiert hatte, blieb Nicole keine andere Wahl, als ihr Unwissen und ihre zahlenmäßige Unterlegenheit zu nutzen, um ihre Aufmerksamkeit zu erzwingen.

Anne verstand alles und bekam durchaus mit, was um sie herum passierte, aber es lief an ihr vorbei, wie in einem Tagtraum. Sie war nicht ganz nah am Geschehen, sie fühlte sich außen vor. Anne passte nicht in jene Welt und war trotzdem anwesend. Sie erlebte sich nicht real und je intensiver sie sich auf das Innen einzulassen versuchte, desto weniger funktionierte es. Diese Welt wollte sich Anne mitteilen und verbarg sich ihr gleichzeitig.

Anne ließ sich treiben, wie ein fremdgesteuertes, schwereloses Elementarteilchen, bis sie schließlich das Gefühl hatte, hinausgeworfen und unsanft in ihren Körper zurück katapultiert worden zu sein. Als sie am kommenden Morgen aufwachte, fand sie die erste Tagebucheintragung, die natürlich nicht von ihr stammte.

Die nächsten Tage verliefen ähnlich den letzten, ein Schwanken zwischen Angst und Hoffnung. Sie begann, die Stunden bis zur geplanten Sitzung zu zählen und hoffte, die richtige Entscheidung getroffen zu haben. Ihr kam regelmäßig der Gedanke, dass die Therapeutin eine solche Klientin nicht haben mochte oder bei nächster Gelegenheit die Behandlung beenden würde, weil sie zu anders war. Und vor allem war Anne nicht sicher, was passierte, wenn sie ihr Innenleben erforschte oder ihre dunklen Seiten entdeckte. Die erste Sitzung fand Anne schon peinlich genug, sie schämte sich dafür und wollte in ihrer Gegenwart nicht noch einmal die Kontrolle verlieren.

Anne war sich der Wichtigkeit dieser Begegnung bewusst, aber sie konnte die Frau nicht einschätzen. Ebenso wie sie andere Menschen in ihren Reaktionen nicht einzuschätzen vermochte. Dementsprechend überwogen im Allgemeinen die negativen Aspekte, obgleich sie danach suchte, um nicht fortwährend enttäuscht zu werden. Sie brauchte den Abstand. Doch hier hatte die Ausgangslage sich verschoben. Anne war, zumindest momentan, auf die Therapeutin angewiesen. Derartige Abhängigkeitssituationen waren ansonsten undenkbar und um jeden Preis zu vermeiden.

Die bis zum Termin verbleibende Zeit hätte Anne am liebsten aus dem Kalender gestrichen, stattdessen wurde sie ihr beinahe zum Verhängnis. Tagsüber verlief alles im üblichen Rahmen, sie versuchte, ihrer Arbeit nachzugehen, sie schrieb fleißig Tagebuch, vermied, über ihr Innenleben nachzudenken und sie verweigerte Nicole den Kontakt, ihre Warnungen ignorierte sie.

Das Tagebuch machte Anne zwar stutzig, aber sie wollte nicht wahrhaben, was sie dort las. Die Schrift, die nicht von ihr stammte und ihr fremd war, wiederholte sich. Neben ihrer eigenen Schrift fand sich nur diese, insofern ordnete Anne sie Nicole zu, wobei sie ihr nicht zugetraut hätte, dass sie ihr drohte oder nach dem Leben trachtete. Anne ging davon aus, dass Nicole mit den Drohungen bloß ihre Aufmerksamkeit erzwingen wollte.

Die Schrift drohte, Anne umzubringen, falls sie nicht Folge leistete. Anne tat das als üblen Scherz ab und wich Nicole aus. Immerhin war Nicole diejenige, die eine Therapie wünschte und diese Schrift verlangte von ihr, sofort sämtliche Therapiemaßnahmen abzubrechen, nicht mehr umzuziehen und telefonisch erreichbar zu sein. Für Anne war das völliger Blödsinn, schließlich war sie seit Jahren unterwegs, lebte sozusagen aus dem Koffer und war für niemanden leicht erreichbar.

Bis zur sehnlich erwarteten Sitzung dauerte es noch vier Tage, also vier Nächte. Anne traute sich nicht anzurufen, um den Termin vorzuverlegen oder um Hilfe zu bitten. Die Angst vor der eigenen Person nahm überhand. Sie hoffte, ihr Innenleben oder gar die Drohungen mit Alkohol zu betäuben. Ihr war nicht klar, dass diese Angst nicht ihre Angst war, und dass nicht sie den Alkohol zum Betäuben brauchte. Trotzdem trug sie die Verantwortung, denn sie griff zur Flasche.

Rasch verlor Anne die Kontrolle, wurde aufgesogen und gab alle Entscheidungsgewalt ab. Diesmal erbarmte sich niemand und ging dazwischen. Diesmal ließ der Anteil, der auf Alkohol reagierte, sich nicht davon abbringen zu sterben. Derjenige, der sonst intern dazwischen ging, stieß einen für ihn ungewohnten, verzweifelten Hilferuf nach draußen aus, ehe der andere sich am Arzneischrank vergreifen und vergiften konnte.

Der Anteil, der dazwischen ging, rettete Anne mit seiner Reaktion das Leben. Die Dosis Schmerzmittel in Kombination mit der Menge Alkohol wäre vermutlich tödlich gewesen. Anne erwachte im Rettungswagen und wieder konnte sie sich an nichts erinnern. Mit dieser Aktion war genau das passiert, was sie bislang unter allen Umständen zu verhindern versucht hatte – ein zwangsläufiger Klinikaufenthalt. Die klassische Version blieb ihr jedoch erspart.

Und Anne log, dass sich die Balken bogen, um auf dem schnellsten Weg herauszukommen. Über die vergangenen Monate verlor sie kein einziges Wort, ebenso wenig über die bevorstehende Therapie oder ihr Innenleben. Die für Anne am glaubwürdigsten klingende Version war eine Kurzschlusshandlung, weil ihr Partner sich von ihr getrennt und die gemeinsame Wohnung verlassen hatte. Außerdem hatte sie gerade erst ein Kind verloren, was ja auch nicht stimmte. Sie entließen sie am übernächsten Tag mit der Maßgabe, sich alsbald einen Therapieplatz zu suchen. Das Krankenhaus bot diese Form der Behandlung nicht an. Sie überschütteten Anne mit Mitleid, ohne zu wissen, was sie da taten. Innerlich triumphierte Anne, es war ihr Sieg, nur leider absehbar und endlich.

Trotz der Ereignisse kam Anne pünktlich zu ihrer ersten offiziellen Sitzung. Aber ihr fehlten die Worte für das Vorgefallene. Kommentarlos überreichte Anne der Therapeutin das Tagebuch und den Entlassungsbericht der Klinik. Sie sah Anne an, sagte nichts und wartete auf eine Erklärung. Doch Anne hatte keine, sie wusste das Geschehene nicht einzuordnen.

In ihr hatte ein organisiertes Verbrechen stattgefunden, ohne dass sie es definieren oder überhaupt fassen konnte. Jemand, der in ihr wohnte, der womöglich ihren Körper beanspruchte, hatte versucht, sie ganz strategisch auszulöschen. In ihr lebte die banale Bösartigkeit und sie verstand nichts von alldem. Anne machte das wütend, wütend auf sich selbst. Und unter der Wut saß Verzweiflung, tiefste Verzweiflung.

Die Therapeutin versuchte, Anne verständlich zu machen, dass in ihr offenbar verschiedenartige Personen Platz fanden, und unter anderem welche, die ihr nicht positiv gesonnen waren. Auf diese galt es, besonders zu achten, denn sie würden vermutlich wieder versuchen, sie anzugreifen. Die tatsächliche und viel kompliziertere Version ersparte sie Anne vorläufig, wobei sie sie erahnte.

Jetzt galt es herauszufinden, wie sich das innere Dasein gestaltete. Genauer gesagt, wer alles lebte in Anne, was taten sie dort und vor allen Dingen, warum waren sie dort. Was also hatten sie erlebt, dass sie entstehen mussten. Ganz langsam sollte sich Steinchen für Steinchen zusammenfügen, damit Anne eines Tages wirklich verstehen konnte.

Anne beschrieb ihr Inneres, sie erzählte von Nicole und von den anderen, die teilweise eingemauert waren, vom unterschiedlichen Alter und vom unterschiedlichen Geschlecht. Hätte sie der zurückliegende Vorfall nicht fast das Leben gekostet, wäre sie sicher weniger auskunftsfreudig gewesen. Ihre Angst vor der nächsten Pseudohinrichtung ließ sie reden, obwohl sie eine solche nicht hätte verhindern können. Sie kannte die verborgenen negativen Kräfte nicht, sie wusste nicht, was dahinter stand.

Nachdenklich erwähnte Anne das Fenster, welches sie von Nicole und dem Rest ihres Innenlebens trennte. Und solange das Fenster fest verschlossen war, war auch die Bilderflut kein Problem. Zu gerne hätte sie das Fenster zugemauert und die sich aufdrängende, scheinbare Wahrheit für immer dahinter verschwinden lassen. Doch eines stand außer Frage, diese auf geheimnisvolle Weise vereinte Welt ließ sich nicht wegzaubern oder vernichten. Wie ein Fluch würde diese Welt an ihr kleben und sie einholen, bis sie sich ihr stellte.

Um nun einen besseren, einen detaillierten Überblick zu bekommen, sollte Anne eine innere Landkarte zeichnen. Sie sollte aufmalen, wie es in ihr aussah. Anschließend wollten beide gemeinsam einen Kontakt nach innen herstellen. Die Therapeutin beabsichtigte, Nicole kennen zu lernen, die offenbar eine Mittlerfunktion hatte und nähere Auskünfte geben konnte. Und nachdem sie mit Nicole gesprochen hatte und Annes Namen sagte, wünschte sie, diese wieder vor sich zu haben.

Anne war irritiert, sie wusste nicht, wie sie Nicole begreiflich machen sollte heraus zu kommen, oder ob Nicole überhaupt nach draußen gelangen konnte. Entsprechend erwartete sie inneren Protest und war überrascht, dass Nicole schon am Fenster wartete. Sie hatte alles mitbekommen und bat Anne dort zu bleiben, bis sie zurück war. Anne glitt nicht durch das Fenster, sie hatte vielmehr das Gefühl, irgendwo im Nichts zwischengelagert zu sein und die Zeit zu verschlafen. Sie war nicht erreichbar, weder für das Innen noch für das Außen. Von der Unterhaltung, die inzwischen geführt wurde, bekam sie nichts mit.

Erst als ihr Name erklang, rutschte sie aus dem Nichts nach vorne und löste Nicole ab. Das Tempo war zu rasant, als dass Anne Nicole sehen oder ihr am Fenster begegnen konnte. Auf beinahe wundersame Weise saß somit Anne wieder im Sessel und hatte etwas die Orientierung verloren. Laut Annes Uhr waren 15 Minuten vergangen, an die sie keine Erinnerung hatte, die ihr vollständig fehlten.

Offenbar erklärten sich all ihre Zeitlöcher auf diese Art. Sie verweilte im Nichts, während sich eine andere Person nach vorne schob. Und dazu genügte, anstelle des Namenaufrufs, ein kleiner Reiz von außen, der den jeweiligen Anteil ansprach. Froh machte sie die Erkenntnis nicht, obgleich sie nun den Ablauf kannte.

Anne wurde über sämtliche Einzelheiten, die Nicole preisgegeben hatte, informiert. Nicole war sehr geradlinig und sie erwartete von Anne, dass sie sich fügte – in das, was sie nicht glauben wollte. Annes permanente Flucht machte Nicole traurig, trotzdem sie Verständnis dafür hatte. Schließlich verbarg sich hinter dem Fenster alles andere als heller Schein und heller Glanz.

Anne wurde mulmig bei dem Gedanken, sich demnächst auf die Suche nach der verschwundenen Wahrheit begeben zu müssen. Die Bilder, die sie bis jetzt kannte, genügten vollkommen. Außerdem hatte sie seit Monaten nicht richtig geschlafen, weil die Angst vor ihrem Inneren stetig zunahm und sich in diversen Albträumen entlud. Anne wollte nicht glauben, dass das erst der Anfang sein sollte, vielleicht nur der Gipfel des Berges. Sie fühlte sich ihrer unbekannten Seele ausgeliefert.

Nicole hatte anscheinend mehrmals versucht, Anne vor dem Anteil zu warnen, der auf Alkohol reagierte. In Zukunft mussten sie sich vor ihm besonders in Acht nehmen. Er war nicht bösartig, aber er fühlte sich bedroht und seine Angst zu leben war derart ausgeprägt, dass er den Alkohol zum Betäuben brauchte. Problematisch war jedoch, dass der Alkohol nicht die Angst zu leben betäubte, sondern den Drang zu sterben verstärkte. Und je größer die Bedrohung wurde, desto größer wurde auch das Verlangen, dem Leben ein Ende zu setzen.

Ob es sich dabei um sein eigenes Leben oder um das Leben aller handelte, und ob er es tun musste, weil er dazu gezwungen wurde, war nicht ersichtlich. Dieser Anteil war offenbar der Schwächste, der Empfindsamste und gleichzeitig der, der am meisten wusste. Genaueres konnte Nicole nicht sagen, denn er hatte um sich herum einen absolut undurchlässigen Schutzwall errichtet und war, zumindest für die sich auf der Uhr befindenden Personen, nicht erreichbar. Weshalb oder von wem sich der Anteil, der auf Alkohol reagierte, so massiv bedroht fühlte, blieb Spekulation. Und inwieweit dieser Anteil von den anderen Personen auf der Uhr wusste, konnte Nicole ebenfalls nicht sagen.

Folglich hatte Anne einen Anteil in sich, der zwar ungefährlich wirkte, aber höchste Alarmbereitschaft erforderte. Dieser Anteil gab nicht zu erkennen, auf welchen Reiz er reagierte oder woher dieser Reiz kommen musste. Es war nicht auszumachen, ob er, um aktiv zu werden, einen Reiz von außen brauchte, einen Reiz von innen, ob er sich selbst genügte oder ob er von Personen, die sich eventuell außerhalb der Uhr befanden, beeinflusst wurde. Letzten Endes war der Anteil, der auf Alkohol reagierte, keineswegs einzuschätzen oder berechenbar.

Ähnlich beunruhigend war die Tatsache, dass sich nicht ergründen ließ, woher die zweite Schrift im Tagebuch stammte. Nicole beteuerte, unschuldig zu sein und mutmaßte, dass der auf Alkohol reagierende Anteil sich durch den Schreiber bedroht fühlte und deshalb aktiv wurde. Daraufhin hatten Anne und sie sämtliche Kontrolle verloren. Die Person, die dazwischen ging und ihnen quasi das Leben rettete, konnte Nicole leider nicht ausfindig machen. Wobei sie diesem Anteil grundsätzlich recht positiv gegenüberstand.

Zweifel

Annes Toleranzgrenze war überschritten, sie konnte längst nichts mehr korrekt einschätzen. Sie hatte das Gefühl gnadenlos überrollt worden, ausgeliefert und gescheitert zu sein. Die Grenzen der menschlichen Vernunft schienen ihr verloren gegangen und alles andere genauso. In ihrem Zustand konnten Vergangenheit und Zukunft niemals ineinander übergehen. Und bisher fehlte die Erinnerung. Trotzdem spürte Anne den Wandel, den Umbruch – sie war zermahlen und irgendwie euphorisch.

Die Therapeutin versuchte, Annes Situation zu erfassen und reagierte. Sie plante das Ausarbeiten eines Vertrages, der Annes eigenem Schutz und dem anderer dienen sollte. Sie plante Ressourcenübungen, um ihr eine gewisse Distanz zum Geschehen zu ermöglichen, sie plante und plante. Doch vor allem brauchte es Geduld, bis die innere Struktur der äußeren entsprach und Anne sich ein neues Leben basteln konnte.

Annes Zweifel kehrten zurück und wieder scheiterte sie an ihrer Unfähigkeit, dem Prozess zu vertrauen, ihre Scheuklappen abzulegen. Außerdem konnte sie sich mit der Diagnose nicht anfreunden, weil man sie in der Folge vielleicht erst recht als verrückt einstufen würde. Und sie wollte nicht akzeptieren, dass die Therapie viel Zeit beanspruchen sollte und eine Dauer überhaupt nicht absehbar war. Sie wollte, dass endlich alles vorbei war, sie wollte einen Strich ziehen und eine ganz normale Zukunft planen können. Aber im Augenblick lag diese in weiter, fast unerreichbarer Ferne.

Die anderen

Das Leben hinter dem Fenster fand parallel zum Leben draußen statt, es hatte seine eigenen Regeln, seine eigenen Gesetze. Und trotzdem konnte ein Leben draußen nur funktionieren, weil es gleichzeitig ein Leben drinnen gab. Im Grunde waren alle Anteile voneinander abhängig, egal an welchem Ort sie sich befanden.

Jeder Anteil hatte eine dem System, also dieser insgesamt funktionierenden Verknüpfung, zuträgliche Aufgabe und war daher auf den anderen angewiesen, ohne selbst davon zu wissen. Das eigentliche Problem bestand darin, dass die jeweiligen Innenpersonen glaubten, ihr Dasein alleine zu fristen und sich dementsprechend verhielten. Zwar lebten sie im Innen, verwechselten aber manchmal den Ort, an den sie gehörten, und sobald sie sich vom Leben draußen angesprochen fühlten, sich erinnert fühlten, verlagerten sie postwendend ihre Anwesenheit dorthin.

Meist glaubte sich eine bestimmte Person für eine bestimmte Situation draußen verantwortlich, während die anderen keine Reaktion oder Beteiligung zeigten. Doch gelegentlich fühlten sich mehrere Personen für dieselbe Situation zuständig – obwohl sie unabhängig voneinander handelten – was in der Folge natürlich mit gewissen Schwierigkeiten behaftet war.

Nicole

Die einzige Person, die das tatsächliche Chaos drinnen wie draußen überschaute, war Nicole. Nicht ganz freiwillig bewahrte sie ihre Loyalität und ließ dem Geschehen seinen Lauf. Nicole befand sich mittendrin. Sie konnte und sollte als Person nicht hervortreten, weshalb sie permanent auf den Prüfstein gestellt wurde. Sie hatte die Funktion, Dinge zu erfassen, ohne dabei selbst aktiv zu werden.

Nicole hatte viel gesehen und beobachtet, woraus sich ihre Aufgabe ergab. Als Einzige kannte sie die Gründe, die für die Entstehung der anderen gesorgt haben und somit auch das ungefähre Ausmaß an Katastrophe, das irgendwann einmal stattgefunden hatte. Allerdings blieb ihrer Person das Erleben und Durchleben der Schandtaten erspart, ihre Anwesenheit währenddessen war nicht greifbar. Dennoch war sich Nicole der Spuren und Auswirkungen der Erlebnisse bewusst.

Nicole durfte sich nicht von den Tränen und der Traurigkeit der anderen Innenanteile berühren lassen. Nur auf diese Weise gelang es ihr, deren Zustand eindeutig zu erfassen, und den notwendigen Überblick zu behalten. Schlichtweg fatal konnten die Folgen sein, wenn sie sich von Emotionen irritieren und womöglich fehlleiten ließ. So hatte Nicole keine eigenen Gefühle oder Empfindungen, ihr Dasein war rein sachlich, das garantierte den einigermaßen reibungslosen Ablauf im Innen.

Und für diesen Ablauf wiederum, für dieses Zusammenspiel erwiesen sich jene Personen als besonders anstrengend, die Nicole regelmäßig überrumpelten oder in ihrer Funktion nicht wahrnahmen, gar nicht wahrnehmen konnten, weil sie sich ausschließlich ihrer eigenen Existenz bewusst waren und sich dazu passend, individuell verhielten. Trotz ihrer Eigenständigkeit und Konsequenz benahmen sie sich ähnlich aneinandergereihter Dominosteine, die unentwegt darauf warteten, angestoßen zu werden und der Reihe nach umzufallen. Und den besagten Anstoß bekamen sie vom Leben draußen.

Einige Personen jedoch konnten sich überhaupt nicht mit den Ereignissen draußen identifizieren, sie hatten sich vollkommen abgekapselt und blieben sämtlichen Außenreizen gegenüber unempfindlich.

Nicole indes verfolgte die Ereignisse beiderorts parallel zueinander, wobei ein Blick hinter die jeweiligen Mauern nicht selbstverständlich, sondern eher die Ausnahme war. Dafür waren ihr die Situationen bestens bekannt, in denen die Anteile aktiv wurden und nach außen traten, nach vorne schnellten.

Die Anfänge

Nicole wusste, dass alles Leben auf der Uhr ausgehend war vom Ursprungs-Ich, jenem Ich, das nach neun Monaten Schwangerschaft auf natürlichem Wege von der Mutter entbunden wurde. Ein dunkelhaariges Mädchen mit einem

Grünschimmer in den blauen Augen erblickte damals das Licht der Welt. Der Vater war dem Kind sehr zugetan, es steigerte seinen Wert. Die Mutter stand ihrem Baby von Anfang an gespalten gegenüber, einerseits lehnte sie es ab, andererseits brauchte sie es. Sie schien die Konkurrenz zu spüren, die von ihrem Kind ausging. Und dennoch sicherte das Baby ihre Existenz, ihre Zugehörigkeit.

Sie war eine rationale Frau, die Gefühle nicht aufkeimen ließ, die keine Heuchelei mochte und der Sicherheit über alles ging. Menschlichkeit bedeutete ihr wenig. Sie hatte ihre eigene Weltanschauung ohne jegliche Moral. Doch bekanntermaßen schönte die Erinnerung und letzten Endes basierten Wahrheiten überall auf verschiedenen Versionen. Zudem war sie selbst unterwürfig, festsitzend in einer Zwickmühle von Autorität und emotionaler Kälte.

Diese Mutter war nicht in der Lage, ihr Kind zu stillen, sie ertrug den Anblick des Mädchens nicht. Sie hatte kein Kind gewollt und konnte es nicht lieb haben. Sie wollte nicht mit ihr leiden müssen und erst recht nicht wegen ihr. Also entschied sie sich, das Mädchen zu übersehen. Wenn sie Hunger hatte und schrie, drückte sie ihr ein Kissen auf das Gesicht, bis sie Ruhe gab. Oft verbrannte sie ihrer Tochter die Schleimhäute, weil die Flasche und später der Brei viel zu heiß waren. Die Mutter bestrafte ihr Baby daraufhin, entweder für das Geschrei oder für die Abwesenheit, die Reaktionslosigkeit.

Abends riss der Vater das Mädchen aus dem Schlaf, um mit ihr zu spielen, seine Spiele. Das Kind wimmerte und er warf es mit voller Wucht in den Sessel, damit es endlich aufhörte und er weitermachen konnte. Sie sollte lernen, dass sie keinen Ton von sich zu geben hatte, wenn er sich ihr näherte, schließlich konnte Erziehung nicht früh genug beginnen. Manchmal fasste er sein Baby an den Beinen und schleuderte es durch den Raum.

Die Mutter war nebenan, sie interessierte das nicht, zu sehr war ihre Seele mit Hass belastet. Sie mischte sich nicht ein, ignorierte stattdessen, hörte weg, leugnete und machte ungeschehen. Außerdem wies das Mädchen keine Verletzungen auf, zumindest nicht auf den ersten Blick. Schaute sie das Kind später beim Baden genauer an, wurde sie wütend und drückte es solange auf den Boden der Wanne, bis keine Blasen mehr aufstiegen. Sie holte die Tochter heraus, schüttelte sie oder schlug auf sie ein, bis sie wieder ein Lebenszeichen von sich gab. Oder die Mutter steckte sie von vorneherein in eiskaltes Wasser.

In Anbetracht dieser Grausamkeiten erstarrte das Baby und begann sich aufzuspalten, in unzählige Persönlichkeitsanteile.

Die Aufspaltung

Und eine der ersten Personen war Nicole. Sie beobachtete das Elend und konnte nicht eingreifen. Niemand von den entstandenen Ich-Anteilen konnte eingreifen oder die Qualen verhindern. Die einzige Möglichkeit, die Person als Ganzes zu schützen, die Seele des dunkelhaarigen Mädchens zu schützen, bestand darin, immer neue Anteile zu erschaffen, die das Drama aushielten, aushalten mussten. Und die Eltern waren nur der Anfang.

Nicole sah mit an, wie sich das Ursprungs-Ich vollkommen aus dem Leben herauszog und den Alltag anderen überließ. Den anderen, die unabhängig voneinander entstanden waren und sich entsprechend unabhängig voneinander entwickelten. Das Überdauern eines einzigen Tages erforderte den Einsatz von mindestens zwanzig Personen. Und jede einzelne Person trug ihren Teil dazu bei, das Leben und den Tag zu meistern. Denn die Fähigkeit des gesamten, des einheitlichen Denkens war durch die erlebten Grausamkeiten verloren gegangen.

Im Gegensatz zu allen anderen Personen auf der Uhr durchschaute Nicole das Prinzip der Aufspaltung. Doch sie konnte nichts tun, als zuzusehen, zu ertragen und zu erdulden, und vielleicht zu hoffen, dass irgendwann ein Ende, ein besseres Leben bevorstand.

Ihre Beobachtungsgabe war überdurchschnittlich, so gelang es ihr, die Anteile anhand ihrer Fähigkeiten und Aufgaben festzumachen. Nicole konnte in etwa absehen, auf welchen Reiz sie reagierten oder wann sie sich schlecht fühlten. Und sie kannte größtenteils den Entwicklungsstand, auf dem sie sich befanden, quasi das Alter und die Zeit, in der einige von ihnen festhingen, ohne es zu bemerken.

Der Anteil, der auf Alkohol reagierte

Mit Besorgnis erfüllte Nicole der Anteil, der auf Alkohol reagierte. Er war ihr suspekt, sie konnte ihn nicht einschätzen, sie wusste nicht, wann er aktiv wurde und zu trinken begann. Diesen Anteil kannte sie am wenigsten.

Seine Geschichte war grausam, wie die der anderen, mit dem Unterschied, dass er altersmäßig nicht einzuordnen war und die Anpassungsfähigkeit eines Chamäleons besaß. Er war männlich, trug keinen Namen und hatte sich hinter seinen Schutzmauern, absolut unerreichbar verschanzt.

Trotzdem wusste er Dinge, die sonst keiner wusste, nicht einmal erahnte. Er sah die Personen, die sich außerhalb der Uhr befanden und die anderen Anteile in ihrer Existenz bedrohten, die ihn selbst als Mittelsmann betrachteten und ihn zwangen, seinem Dasein ein Ende zu setzen. Der Anteil, der auf Alkohol reagierte kannte als Einziger den wahren Sinn, der sich außerhalb der Uhr befindenden Personen.

Er war in Besitz der notwendigen Hintergrundinformationen, die ihn zum Werkzeug dieser fremden Macht werden ließen und die zum Entstehen des gesamten Systems geführt hatten. Genauso kannte er seine eigentliche Aufgabe.

Zeit seines Lebens hatte man ihm mit dem Tod gedroht, ihn mit dem Tod konfrontiert. Er wurde von Geburt an gefoltert und gequält. Man hatte seinen Willen gebrochen, ihn abhängig gemacht und ihm eingemünzt zu funktionieren. Die Fähigkeit des eigenständigen Denkens wies er nicht auf, konnte er nicht entwickeln. Für das Erreichen dieser bedingungslosen Gefügigkeit setzte man neben der extremen Misshandlung massiv Drogen ein.

Der Anteil, der auf Alkohol reagierte, wurde sozusagen zum Leben erweckt, sobald man ihm Drogen einflößte. Der Ablauf war jeweils ähnlich. Drogen wurden verabreicht, er kam hervor und wurde gequält. Meist legte man seine Füße in Ketten oder Seile, hängte ihn auf und peitschte ihn aus, bis zur Besinnungslosigkeit. Anschließend konnten seine Peiniger Dinge mit ihm anstellen, die jedes Vorstellungsvermögen überstiegen. Schon der Gedanke, dass sich eine der Fesseln löste und er einige Meter tief in eine mit Schlangen oder manchmal mit Hunden gefüllte, von Stacheldraht bedeckte Grube fiel, war lebensbedrohlicher, als der Akt des Auspeitschens. Alles darauf Folgende war ihm wegen des endlich einsetzenden Rauschzustandes egal, er ließ es über sich ergehen.

Doch die Worte, die Sätze prägten sich ein, brannten sich ein und verließen sein Unterbewusstsein nie wieder. Im Normalzustand waren die unter Drogen einprogrammierten Forderungen nicht abrufbar. Die dahinter stehende Absicht war einfach. Man machte ihn vom Opfer zum Täter und versuchte, ihn weitgehend von Empfindungen, von Sensibilität zu befreien. Allerdings nicht vollständig – er musste sich noch für seine Taten schuldig und verantwortlich fühlen können. Er hatte den Auftrag, andere Menschen zu quälen, eventuell zu töten, kompromisslos und schonungslos, bis sie gefügig genug waren und ebenfalls von dieser fremden Macht abhängig wurden.

Bereits im Kleinkindalter wurde er dazu angehalten, jüngeren, ihm unterlegenen Kindern einen Riss in der Entwicklung zu verpassen. Ihnen sollte das Bindungsbedürfnis abgewöhnt werden. Sie sollten sich alleine fühlen und sich auf niemanden verlassen können. Vor allem aber sollten sie eine anfängliche Sicherheit erleben, die sie ihrem Gegenüber auslieferte und damit jegliches Selbstverständnis zerstörte.

Der Anteil, der auf Alkohol reagierte, wurde beispielsweise gezwungen, das Vertrauen des Kindes zu gewinnen, indem er mit ihm spielte, sich kümmerte, ihm eine Puppe oder vielleicht eine Katze schenkte. Und sobald eine Annäherung stattgefunden hatte, das Kind sich freute und die Geschenke liebgewann, wurde das Vertrauen rigoros zerstört – die Puppe in sämtliche Einzelteile zerlegt und die Katze im Beisein des Kindes auf bestialische Weise umgebracht. Hätte das Kind sich beschwert, wäre es brutal bestraft worden. Davon abgesehen hätte ihm niemand geglaubt, natürlich wider besseres Wissens.

Falls das Kind diesen Erniedrigungen irgendwann anteilslos gegenüberstand, wurden die Druckmittel gesteigert. Im Endeffekt wurde das Kind gepeinigt, gedemütigt und vorgeführt – von Kindern, von Erwachsenen, von allen Menschen, die sich in seiner Umgebung befanden. Es hatte niemanden, an den es sich wenden, zu dem es gehen konnte. Und die leiblichen Eltern hatten sich verpflichtet, ihre Zuständigkeit abzugeben, oder waren durch ihren eigenen Riss in der Vergangenheit gezwungen, die Verantwortlichkeit abzutreten.

Die Zuwendung sollte derart widersprüchlich sein, dass das Kind seine Persönlichkeit, seine Identität verlor, diese gar nicht erst reifen konnte und sich aufgrund dessen sein gesamtes Weltbild, sein Menschheitsideal verzerrte. Darüber hinaus sollte sich das Kind der bestehenden Möglichkeiten der Obrigkeit, der Ersatzfamilie und zugleich seiner Abhängigkeit bewusst werden. Auf diese Weise hat man den Anteil, der auf Alkohol reagierte, seinerzeit selbst in die Resignation getrieben. Auch ihn haben seine Bezugspersonen entwürdigt.

Um nun eine ständige, nicht an Zeit gebundene Kontrolle über ihn zu behalten, hat man ihn ohne Alter entstehen lassen. Der Anteil, der auf Alkohol reagierte, wusste nicht, dass man sich entwickelte, er passte sich sprunghaft den Personen außerhalb der Uhr an und ordnete sich unter. Das wiederum konnte gelingen, indem man ihn permanent bedrohte und dadurch glauben ließ, die ihn betreffenden und von ihm ausgehenden Quälereien fanden gerade in diesem Moment statt, und Strafe war eben die logische Notwendigkeit.

Man nahm sein Schuldgefühl zum Anlass, um ihn an seine Funktion zu erinnern. Leistete er nicht Folge, wollte er womöglich aussteigen, machte er einen Fehler oder begann zu reden, Hilfe zu suchen, dann würden sich sein Gedankenmuster und sein Lebensinhalt abrupt verlagern. Von da an war er nirgends mehr sicher.

Gehorchen oder getötet werden, hieß die Devise. Hielt er sich daran, war sein Überleben gesichert, tat er es nicht, musste er stets damit rechnen, dass man seinem Leben ein Ende setzte. Oder den eingebauten Mechanismus, sich selbst und die anderen Anteile auf Befehl unwiderruflich auszulöschen, startete. Dieser Mechanismus konnte jederzeit und bei Bedarf ausgelöst werden. Der Grundgedanke war einfach, er sollte wie eine Marionette funktionieren und Menschwürde zum Fremdwort werden.

Doch leider oder glücklicherweise war es nicht gelungen, seine Sensibilität vollständig auszumerzen. Und statt zu folgen, mauerte sich der Anteil, der auf Alkohol reagierte, ein und wendete sich ab. Er glaubte, die Bösartigkeit sei in ihm archiviert. Die Anteile auf der Uhr interessierten ihn nicht, die gesamte Uhr, das Leben interessierten ihn nicht.

Dennoch erfasste er die Warnungen, die er von diversen Personen außerhalb der Uhr bekam – nichts sonst erreichte ihn. Und es gab für ihn keinerlei Aussicht, Maßnahmen zu ergreifen, sich zu wehren.

Drogen machten die Mauer, die den Anteil umschloss, durchlässig. Und bei entsprechendem Kontakt begann er, nahezu willenlos, die Mauer wie eine Muschel zu öffnen und alte Kanäle wiederherzustellen. Dahinter stand das Prinzip der Konditionierung. Reflexartig lichteten sie sein Denken ab und ließen ihn suizidal werden. Der Anteil, der auf Alkohol reagierte, hatte keine andere Wahl, als sich der Situation zu ergeben. Ihm war es nicht möglich, sich aus eigener Kraft zu befreien, zumal er die menschenverachtenden Methoden der nicht dem System angehörenden Personen kannte. Der auf Alkohol reagierende Anteil war im Guten gefangen und dem Bösen ausgeliefert.

Seine Sprache, sein Mitteilungsbedürfnis hatte er vollends verloren und auch nur anteilig ausbilden können. Eine erbarmungslose, eine barbarische Gesellschaft ächtete ihn und benutzte ihn gleichzeitig als Komplizen. Er war das Instrument, von dem alles Leben auf der Uhr abhing.

Aber trotzdem funktionierte er nicht im geplanten Sinne. Er kannte Angst und er zeigte Mitgefühl. Obwohl beides Empfindungen waren, die man zu löschen versucht hat. Und diese menschliche Angst vor dem, was möglich war, versuchte er mit Alkohol zu betäuben. Ohne Erfolg, denn im selben Moment wurde seine Angst zu leben verstärkt. Derart groß, dass er glaubte, die Konsequenzen ziehen und sterben zu müssen. Und den ausschlaggebenden Impuls bekam er durch eine gewisse Menge Alkohol.

Er hatte nicht vor, den anderen etwas anzutun. Mit der Zeit war seine Sehnsucht zu sterben, seine Ausweglosigkeit gewachsen. Er wollte seinem eigenen Leben ein Ende setzen, sein Dasein, seine fremd gesteuerte Funktion nicht mehr ertragen müssen. Von Anfang an war er dem Tode näher als dem Leben. Und Alkohol war demzufolge ein ambivalentes Unterfangen. Ähnlich wie er ihn brauchte, brachte er ihn um.

Der Anteil, der dazwischen ging

Der Anteil, der dazwischen ging, wurde wach, sobald Alkohol ins Spiel kam. Er kannte den Anteil, der auf Alkohol reagierte, genau und wusste, wann er aktiv werden und einspringen musste. Seine Aufgabe bestand darin, den Übergang vom Genuss zum Kontrollverlust zu erfassen, um Schlimmeres zu verhindern.

Er hatte mit angesehen, wie man damals den Anteil, der auf Alkohol reagierte, zum Werkzeug seiner selbst machte und erlegte sich zu diesem Zeitpunkt die Funktion auf, dazwischen zu gehen und ihn zu retten. Und jedes Mal, nachdem das geschehen war, zog er sich zurück, fast als wäre er nie da gewesen.

Der Anteil, der dazwischen ging, war eine kaum fassbare Person, eher ein Persönlichkeitssplitter, der sich bilden musste, während der an den Beinen hängende Körper durch Drogen versklavt und anschließend von Unbeugsamkeit und Willen befreit wurde. Das passierte, indem man die Arme fixierte und ihn so dem Treiben vollends auslieferte. Durch seine bedarfsweise Anwesenheit schützte er den Anteil, der auf Alkohol reagierte, zugleich auch dessen Sensibilität und dessen Empfindungen.

Die gesamte Aufmerksamkeit des Anteils, der dazwischen ging, galt seither den Eskapaden des Anteils, der auf Alkohol reagierte, und der direkt neben ihm eingemauert war. Ihn interessierte nicht, was draußen geschah, zu wichtig nahm er seine Pflicht, auf den anderen aufzupassen.

Allerdings setzte er sich mit Nicole in Verbindung, wenn er einer Situation nicht allein gewachsen war. Er warnte sie oder bat sie bei Bedarf um organisatorische Hilfe, aber Einzelheiten gab er nicht preis. Nicole vertraute er, von sonstigen Personen hielt er sich fern.

Als der Anteil, der auf Alkohol reagierte, sich die Überdosis verabreichte, war es an ihm, die richtige Gelegenheit abzupassen und nach außen aktiv zu werden. Nicole einzubeziehen hätte zu lange gedauert, darüber hinaus bestand die Gefahr, dass sie niemand für diese Situation Zuständiges fand. Schließlich waren die vorherigen Warnungen auch überhört worden.

Schon länger verfolgte der Anteil, der dazwischen ging, den veränderlichen Zustand der Mauer, die den Anteil, der auf Alkohol reagierte, schützte und umhüllte. Diese wechselte plötzlich ihre Farbe oder wurde durchlässig wie ein Sieb, manchmal wirkte sie energiegeladen wie ein Kernkraftwerk und entsprechend gefährlich zeigte sie sich. Dahinter saß ein substanzloses, kaum greifbares, verängstigtes und in sich zusammengekauertes Wesen, das wehrlos auf den Supergau wartete.

Der Anteil, der dazwischen ging, beobachtete die blitzartige Verwandlung der Mauer, als die Todesdrohung von außerhalb der Uhr abgeschickt wurde. Er nahm den entscheidenden Moment wahr, er war jedoch nicht in der Lage, das Negative, das sich außerhalb befand, zu erkennen oder Zusammenhänge zu erfassen, folglich wusste er nichts von der Tagebucheintragung.

Der einzige, der die Herkunft dessen kannte, war der Anteil, der auf Alkohol reagierte. Doch sein Reden, seine Offenbarung bedeutete den sicheren Untergang für alle.

Jasmin

Es gab einen weiteren Anteil, der willenlos funktionierte, der sich unterwarf und zudem vor den anderen versteckte. Diese Person war weiblich, gerade 17 Jahre alt und hieß Jasmin. Sie wurde ebenfalls von außerhalb der Uhr gesteuert, was problemlos gelang, denn ihr Intellekt ließ keine großen Sprünge zu. Man hatte ihr beigebracht, auf Abruf aktiv zu werden.

Ein Telefonanruf genügte und Jasmin suchte sich den schnellsten Weg durch das Fenster nach draußen. Es gelang ihr, auf Befehl alle anderen beiseite zu drängen und im Leben draußen den widerlichen Auftrag der Prostitution zu erfüllen. Sie lebte, um sich verkaufen zu lassen, um sich zu prostituieren. Die exotischen Klamotten im Kleiderschrank waren ihre, und jedes Mal, wenn sie anschaffen war, belohnte sie sich und legte ein neues Teil hinein, von dem sonst keiner wusste.

Jasmin hatte man eigens zum Zweck der Prostitution geschaffen, sie kannte nichts anderes. Der erste, der sich an ihr als Baby verging, war der Vater. Später auch die Mutter. Mit der anschließenden Wundversorgung kannten sich die Zwei bestens aus. An den Wochenenden wurde sie weitergereicht, anfangs an Freunde des Hauses, irgendwann wuchs der Kreis und sie wurde verliehen, verkauft.

Nicht selten war sie Teil einer Zeremonie. Viele Menschen beiderlei Geschlechts malträtierten sie, vergnügten sich mit und an ihrem Körper. Den Beginn der Zeremonie erlebte der Anteil, der auf Alkohol reagierte – der von Jasmin abgelöst wurde, als man ihm die Fesseln abnahm. Er rutschte nach innen, während Jasmin den Rest über sich ergehen ließ. Sie kamen sich sehr nah, waren aber dennoch zeitversetzt anwesend, weshalb sie sich nicht kannten.

Die Erzeugung dieser beiden Anteile ging geplant vonstatten. Sie sollten vollkommen bedingungslos und unabhängig voneinander funktionieren, und von außerhalb der Uhr lenkbar sein. Sie sollten auf Kommando ins alltägliche Leben eingreifen, ohne dabei auf die alltäglichen Reize zu reagieren. Beide hörten auf Personen, die normalerweise nicht auftauchten oder sichtbar waren.

Der Anteil, der dazwischen ging, verdankte seine Existenz dem Anteil, der auf Alkohol reagierte – seine Entstehung war nicht geplant. Einen Retter hatte die Basis, die Allmacht nicht vorgesehen. Jasmin wusste weder von dem Anteil, der auf Alkohol reagierte, obgleich sie regelmäßig sein Martyrium fortführte, noch wusste sie von dem Anteil, der dazwischen ging.

Jasmin lebte in ihrer eigenen kleinen Welt, die maßgeblich von dem Geschäft mit der Sexualität bestimmt wurde. Sie empfand nichts bei den Quälereien. Dafür war jemand anders entstanden, der ebenfalls nicht geplant war. Jasmin war nur körperlich anwesend.

Silvia

Die Person, die Jasmin beobachtete und weinte, hieß Silvia. Auch Silvia war als Person kaum auszumachen und eher als Splitter zu betrachten. Sie sah das Drama, in dem Jasmin steckte, und konnte nichts tun, sie nicht erreichen. Silvia hatte nicht die Fähigkeit einzugreifen, sie konnte nicht helfen, wie der Anteil, der dazwischen ging. Sie definierte sich selbst als Jasmins emotionales Auffangbecken.

Allerdings konnte sie sich, im Gegensatz zu Jasmin, im Innen frei bewegen. Sie musste sich vor niemandem verstecken und trotzdem wurde sie meist übersehen oder vielleicht gar nicht ernst genommen. Während Jasmin sich drinnen aufhielt und keine Gefahr drohte, dass sie hinaus musste, stand Silvia am Fenster und beobachtete den Ablauf draußen. Gelegentlich verfolgte sie von ihrer dortigen Position das Alltags-Ich und konnte nicht verstehen wie kopflastig, wie rational es war.

Nicole ließ sie gewähren, sie hatte dem geballten Paket von Emotionen ohnehin nichts entgegenzusetzen. Außerdem schadete sie niemandem. An manchen

Tagen jedoch hielt Silvia die Kopflastigkeit des draußen agierenden Alltags-Ich nicht aus und beschloss ein wenig Einfluss zu nehmen, etwas Sinnvolles zu tun. Zwar konnte sie nicht direkt in das Geschehen eingreifen, aber sie konnte sich dem Alltags-Ich anheften – was sie sonst bei Jasmin tat, um ihr die Emotionen abzunehmen, sie davor zu bewahren.

Nur hier lag der Fall anders. Das Alltags-Ich musste nicht vor den eigenen Emotionen geschützt werden, es brauchte welche, fand zumindest Silvia. Also passte sie den richtigen Zeitpunkt ab, rutschte aus dem Fenster und begleitete unbemerkt das Alltags-Ich.

Anne wiederum wunderte sich, dass sie in den unangebrachtesten Situationen weinen musste und nicht aufhören konnte. Schon ein falsches Wort genügte, um ganze Tränenbäche zu verschütten. Der Zustand konnte von kurzer Dauer sein oder weit darüber hinausgehen. Anne fühlte sich, als ob sie plötzlich von einer unstillbaren Traurigkeit überflutet wurde. Tränen, die von woanders zugeflossen kamen und sich nicht abstellen ließen. Selbst Kleinigkeiten wurden zur belastenden Qual. Telefonieren, einkaufen, fernsehen, alles bedeutete Stress und damit nicht abschätzbare Gefühlsschwankungen. Besonders peinlich verliefen ungeplante Begegnungen. Bekannte oder Freunde wurden nämlich anstelle von Freude mit Tränen begrüßt.

Nicole sah die tränenreichen Tragödien überwiegend schmunzelnd mit an, sie hätte es sowieso nicht verhindern können, bemerkte aber, dass das Alltags-Ich überfordert und der Lage nicht mehr gewachsen war.

Silvia hatte nicht den Überblick, sie ahnte nicht, was sie anrichtete. Denn um den alten Zustand wiederherzustellen und das emotionale Chaos zu ertragen oder zu unterdrücken, besann sich das Alltags-Ich in immer kürzeren Abständen der beruhigenden Wirkung des Alkohols. In den letzten Jahren war Anne labil geworden, früher konnte sie Silvia im Gepäck besser verkraften. Damals hatte Silvia mit Jasmin genug zu tun, Anne schenkte sie bloß selten Beachtung. Deshalb legten sich die Ausbrüche wesentlich schneller, mittlerweile aber hinterließen sie Spuren.

Je älter das System wurde, desto weniger wurde Jasmin nach draußen beordert, ihr Körper war schlicht zu alt geworden. Daher verbrachte sie jetzt mehr Zeit drinnen und mit ihr auch Silvia. Jasmin hatte an Schönheit eingebüßt und das bedeutete eine drastische Wertminderung. Obwohl sie erst 17 war und nur aussah, als hätte sie mindestens die 30 erreicht oder längst überschritten. Trotzdem gab es natürlich weiterhin Übergriffe und Gewalt mit teilweise extremen Verletzungen. Und wie gehabt ließ Silvia Jasmin währenddessen keine Sekunde aus den Augen, sie klebte förmlich an ihr, um ihre Emotionen abzufangen.

Doch für die zusätzliche, die hinzugewonnene Zeit, in der sie nicht im Einsatz war, suchte Silvia sich eine neue Beschäftigung – sie interessierte sich zunehmend für das Geschehen draußen. Und dementsprechend traurig besetzt zeigten sich die Reaktionen des Alltags-Ichs.

Nicole beobachtete aufmerksam die langsame, aber stetige Veränderung – drinnen wie draußen. Gegenüber allen anderen Anteilen war sie am weitesten entwickelt und hatte folglich den größten Durchblick. Den Gedanken an Veränderung, an Verbesserung hatte sie allerdings fast aufgegeben, weil sie nichts tun konnte, als regelmäßig das Fenster zu öffnen oder einige Personen gezielt hinaus zu befördern, um das Alltags-Ich zum Nachdenken zu bewegen. Es war nicht ihre Aufgabe draußen und sichtbar aktiv zu werden, oder zu forcieren. Es stand ihr nicht zu und daran hielt sie sich. Obgleich sie am liebsten dem Alltags-Ich gegenübergetreten wäre und sich mitgeteilt hätte.

Aber Anne lebte in einer anderen Welt, in einer anderen Wirklichkeit, mit eigenen Maßstäben und eigenen Ansprüchen. Und sie brauchte erst eine gewisse Reife, bevor man sie mit den erbarmungslosen Tatsachen konfrontieren konnte.

Das Alltags-Ich

Das Alltags-Ich gehörte zu den ersten der entstandenen Personen und managte mehr oder weniger gut den Alltag, ohne zu wissen, dass ihm dabei gelegentlich noch andere in die Quere kamen. Schließlich steckten sie alle im selben Körper, sie nahmen diesen nur anders wahr, empfanden ihn unterschiedlich.

Das Alltags-Ich hatte das dem Ursprungs-Ich gemäße Alter, Geschlecht und Aussehen. Ebenfalls dem Ursprungs-Ich identisch, hieß das Alltags-Ich Anne. Es übernahm sozusagen die Rolle des Ursprungs-Ichs, welches vollkommen erstarrt war. Anne entwickelte sich ganz normal und ohne Zwischenfälle, von diversen Kleinigkeiten abgesehen. Sie empfand Schmerzen, kränkelte dauernd und war ohne ersichtlichen Grund depressiv und ängstlich. Allerdings ließ ihr Gedächtnis von Anfang an zu wünschen übrig, deshalb suchte sie nicht nach Erklärungen.

Die kleine Anne liebte ihre Eltern, besonders ihren Vater, sie vergötterte ihn regelrecht. Er verbrachte fast jede freie Minute mit ihr, schenkte ihr schöne Kleidchen, nahm sie auf den Schoß, schmuste mit ihr und er nannte sie seine Große oder seine Madonna, je nach Tagesform. Anne war stolz. Manchmal saß er abends an ihrem Bett und versorgte ihre Verletzungen, von denen sie nicht wusste, woher sie rührten. Der Vater schimpfte ein bisschen mit ihr, weil sie wieder ungezogen war. Diese Seite des Vaters mochte Anne nicht, aber er war ja nicht immer so.

Nicole beobachtete das Treiben von drinnen, froh darüber, dass Anne nicht wusste, was vorher passiert war. Wäre es anders, hätte Anne dem Alltag nicht standhalten können, womöglich den Tag gar nicht überleben können. Nicole hatte mit angesehen, wie die Mutter morgens ihre Tochter anzog, ihr eine Schleife passend zum Kleidchen ins Haar band und sie am Arm packte, sie warnte, sie buchstäblich anzischte, zu gehorchen und den Mund zu halten. Tat sie das nicht, würde sie ihr blaues Wunder erleben – Ärger hatten sie bekanntermaßen schon genug mit ihr.

Julius, der Beschützer

Angesichts dieser Drohungen übernahm Julius, der Beschützer, die Position von Anne. Julius war männlich, er fühlte sich älter als Anne und passte auf, dass ihr nichts geschah. Anne verschwand indes im Nichts, sie schlief. Julius fand das Kleid, in dem er steckte, schrecklich und er kannte die Frau nicht, die es ihm angezogen hatte. Außerdem verstand er nicht, was sie von ihm wollte. Sie verlangte von ihm, dass er sich gefälligst benehmen sollte wie ein Mädchen, er sollte tanzen. Den Männern in dem großen, dunklen, teilweise mit Matratzen ausgelegten Zimmer etwas vortanzen, während die Frau kleine Snacks abstellte und Getränke servierte, ehe sie endgültig von dannen schlich.

Julius tanzte nicht, er weigerte sich und er schlug um sich, als man ihn schnappte. Ein fremder Mann rief den Namen Jasmin, meinte aber ihn und zerrte an seinen Haaren, samt der hässlichen Schleife, und tauchte ihn in einen Kübel mit Wasser. Immer wieder, bis ihm die Luft wegblieb. Julius kämpfte, er gab nicht auf. Alles, wenn er bloß nicht tanzen brauchte. Gerade als er unter Wasser zu ersticken drohte, zog der Mann ihn heraus und tauchte ihn sofort wieder hinein. Julius war bereit zu ersticken. Das erschien ihm besser als zu tanzen und zu gehorchen. Er stellte sich der Auseinandersetzung, er war kein Verlierer. Er kämpfte um jeden Preis, egal wie aussichtslos der Kampf war.

Julius kam zum Vorschein, sobald es galt Anne zu beschützen – bis er selbst abgelöst wurde. In diesem Fall erschien Jasmin auf der Bildfläche. Jasmin war zuständig für die sexuellen Tortouren, die nun folgten. Die Männer vergriffen sich an ihr, alle und der Reihe nach. Auch Jasmin kannte keinen der Männer, zwar sah sie einige von ihnen häufiger, andere weniger häufig, doch eine tatsächliche Verbindung gab es nicht. Sie benutzten verschiedene Gegenstände, die sie ihr in sämtliche Körperöffnungen schoben, bevor sie sich endgültig an ihr vergingen. Für Jasmin war das nichts Besonderes, es war normal, sie kannte nichts anderes. Sie empfand nichts dabei und an den komischen Geschmack im Mund hatte sie sich gewöhnt.

Tina

Das Ende der Prozedur erlebte Tina. Tina hatte einen furchtbaren Würgereiz, aber sie wusste, dass sie sich nicht erbrechen durfte. Sie wurde stets von dem gleichen fremden Mann hinausgetragen und einer Frau übergeben, zu der sie ebenfalls keinen Bezug herstellen konnte. Tina wurde in die Badewanne gesteckt oder, soweit sie noch alleine stehen konnte, unter die Dusche gestellt, kommentarlos. Anschließend verdeckte die Frau ihre Wunden mit verschiedensten Salben und Pudern und verfrachtete sie ins Bett. Nebenbei beschimpfte die Frau sie als ekelhaftes, widerliches Flittchen, das es überhaupt nicht wert war, dass man sich kümmerte.

Anne

Einige Stunden später erwachte Anne, mit deutlichen Verletzungen und furchtbaren Schmerzen, die sie, wie immer, nicht erklären konnte. Die Mutter kam herein, strafte sie mit vernichtenden Blicken und gab ihr die Schuld an dem, was passiert war. Doch Anne wusste nicht, was passiert war, und sah sie fragend an. Die Mutter reagierte mit einem Wutausbruch, sie schlug auf ihr Kind ein, auf die frischen Wunden. Aber Anne konnte ihre Mutter nicht verstehen. Sie weinte. Nicht wegen der Schmerzen, sondern weil sie sich nicht erinnern konnte und damit offenbar ihre Mutter verletzte, sie zur Weißglut trieb.

Anne fühlte sich schlecht, sie schämte sich und fand sich selbst unmöglich. Obendrein hatte sie Wunden an Stellen des Körpers, die ihr peinlich waren und sie wusste nicht, woher das Ganze stammte, oder was sie getan hatte. Dafür wusste sie sehr genau, dass sie ein schlechtes Kind war, das man nicht lieb haben durfte und das keiner haben wollte. Anne spürte, dass sie nur geduldet wurde.

Und sie tat alles, um ihrer Mutter zu gefallen, ihr wenigstens ein bisschen Zuneigung abzugewinnen. Doch die Mutter blieb hart, sie zeigte kein Erbarmen. Jeder Kontakt mit ihr bedeutete für Anne eine seltsame Gratwanderung, denn sobald andere Menschen in der Nähe waren, setzte die Mutter plötzlich ihr Muttergesicht auf. Sie verwandelte sich in eine Frau, die Gefühle hatte, die nett war oder dies zumindest nach außen vorgab. Anne glaubte, alle Menschen waren so und stellte Vorsicht oben an.

Anne steckte voller menschlicher Schwächen, mit denen sie versuchte umzugehen oder denen sie versuchte auszuweichen. Im Kindergarten spielte sie größtenteils alleine, die anderen Kinder fanden sie komisch. Sie wirkte wie eine Wundertüte, die vor Überraschungen zu platzen drohte, obwohl ihr die typisch kindliche Neugier fehlte. Anne benahm sich selten wie ein normales Kind. Niemand durchschaute sie und niemand wollte sie durchschauen. Anne war anstrengend, sicherheitshalber mied man sie, man ging ihr aus dem Weg. Sie bemerkte das und wurde traurig.

Manchmal saß sie teilnahmslos mit einem verlorenen, einem glasigen Blick in der Ecke und manchmal tobte sie herum, ohne dass sie zu bändigen war. Oder sie wurde plötzlich aggressiv, schlug und trat um sich, biss die anderen Kinder und zog an den Haaren. Außerdem war sie oft nicht da, sie fehlte einfach. Die Mutter entschuldigte sie, brachte die entsprechenden Ausreden und viele davon belasteten Anne. Meist erzählte die Mutter, ihre Tochter sei mal wieder tollpatschig gewesen und ungünstig gestürzt. Aus dem Hochbett oder von der Treppe gefallen. Mit dem Fahrrad verunfallt oder, oder, oder.

Niemand hinterfragte das, schließlich kannte man Anne und ihre Tölpelhaftigkeit. Man mochte sie nicht. Zu Hause ging Anne durch die Hölle und keiner bemerkte es. Alle sahen weg.

Anne schaffte es nicht, den gesamten Tag zu rekonstruieren und Revue passieren zu lassen, die überwiegende Zeit fehlte ihr. Das Gedächtnis war schlecht, mehr als lückenhaft. Sie ärgerte sich über ihre Dummheit, darüber, dass sie war, wie sie eben war. Anne wurde von den anderen Kindern gehänselt, wegen ihrer Ungeschicktheit und wegen ihrer Facetten, ihrer Unausgeglichenheit. Sie wollten nicht mit ihr spielen, sie passte in keine Gruppe.

Und Anne wollte in keine Gruppe gehören, sie mochte die Kinder und den Kindergarten nicht. Die Erzieherinnen und die gesamte Umgebung machten ihr Angst. Anne fühlte sich dort nicht sicher, sie fühlte sich nirgends sicher. Julius, Tina, Silvia und einige andere hingegen fanden den Kindergarten richtig spannend.

Lena

Anne wurde nicht vom Kindergarten abgeholt, sie wohnte gleich um die Ecke und konnte alleine gehen. Aber man sah ihr nach, man achtete darauf, dass sie tatsächlich heimging. Zu Hause wartete niemand auf sie oder dort warteten viele. Ihre Hose war oft nass, wenn sie ankam, sie hatte es nicht unter Kontrolle.

Doch nicht Anne nässte ein, sondern Lena. Lena war etwas jünger als Anne und stand regelmäßig panische Ängste aus. Ihr gesamter Lebensinhalt beschränkte sich auf das Ausagieren von Angst. Lena reagierte panisch, sobald sie jemandem begegnete und Menschen bereiteten ihr furchtbare Angst.

Wie Nicole konnte auch Lena von drinnen verfolgen, was draußen geschah. Aber im Gegensatz zu Nicole konnte sie Einfluss nehmen und meist tat sie das, indem sie ihrer Angst einen körperlichen Ausdruck verlieh. Lena war nicht besonders sprachgewandt, wirkte äußerst unsicher und fühlte sich grundsätzlich unterlegen. Sie begann zu zittern, ihr Herz raste, sie nässte ein, sie bekam Durchfall oder schwitzte.

Anne durchlebte die Symptome und fühlte sich diesen ausgeliefert. Sie überrumpelten Anne anfallsartig, weswegen sie häufig glaubte, die Kontrolle über sich zu verlieren. Anne spürte, dass da etwas in ihr war, das ihr einfach einen Strich durch die Rechnung machte. Sie spürte förmlich, sich selbst zu behindern.

Anne machte das wütend, sie ertrug dieses plötzlich auftretende Anderssein nicht. Sie hasste sich dafür. Sie hasste sich für ihre Unvollkommenheit, für ihre Schlechtigkeit. Und manchmal wurden der Hass und die Wut so groß, dass sie sich bestrafen musste. Dass sie sich absichtlich verletzte oder auf herumliegende Gegenstände eintrat, jene ziellos umher warf.

Nicolas

Obwohl Anne einen Spiegel brauchte, um sich zu erkennen, sah sie nicht gern hinein. Sie ertrug den Anblick ihres Körpers nicht, sie konnte sich nicht mit ihm identifizieren. Und während Anne in den Spiegel schaute, taten es ihr ein paar andere gleich, die sich genauso schwer mit dem Bild anfreunden konnten. Unter anderem schaute Nicolas heraus. Nicole und Anne hatten dasselbe Alter. Nicolas war, wie Lena, etwas jünger.

Nicolas war kein friedlicher Charakter, er war der aggressivste Innenanteil. Und er konnte Lena nicht ausstehen. Für ihn war sie eine Mimose, die nichts geregelt bekam. Sobald Lena draußen war, ging er in Position und wartete auf den richtigen Moment, um sie zu erwischen, um sie mit Gewalt von ihren Ängsten zu befreien.

Julius, der Beschützer, war sein großes Vorbild. Wobei Julius sich nicht gegen sich selbst oder gegen andere Innenanteile richtete. Julius beschützte und Nicolas zerstörte. Nicolas zerstörte alles, was ihm nicht gefiel, er nicht für gut befand, oder ihm in die Quere kam. Und er mochte Anne nicht, eigentlich mochte er niemanden, am wenigsten sich selbst.

Nicolas war entstanden, als man Lena eine Plastiktüte über den Kopf stülpte und sie in eine Kiste mit Spinnen setzte. Nicolas übernahm die Prozedur, weil er Lenas Angst nicht ertragen konnte. Er wurde wild, wenn er sah, dass sie sich nicht wehrte. Er versuchte, möglichst viele der krabbelnden Spinnen zu zerquetschen, ihnen den Garaus zu machen. Nicolas ekelte sich nicht vor den Spinnen. Er hatte seinen Spaß daran, sie zwischen den Fingern zerplatzen zu lassen oder sie mit den Füßen zu zermalmen. Anschließend befreite er sich von der Tüte, um sich an den Versuch zu wagen, die Kiste zu öffnen und sein angerichtetes Blutbad zu betrachten.

Aber es blieb beim Versuch, die Luft wurde knapp und Tina übernahm. Tina übernahm immer, falls irgendjemand zu ersticken drohte. Tina schien mit weniger Sauerstoff auszukommen, als die anderen, ihre Atmung war flacher und unregelmäßiger.

Julius war hier nicht zuständig, er hatte sich auferlegt, Anne zu beschützen. Und obwohl er sich mit Luftnot und Ersticken ebenfalls auskannte, brauchte er die Kombination mit Wasser, um rettend aktiv zu werden. Julius war Anne ein treuer und ständiger Wegbegleiter, der sich entsprechend an ihrer Seite entwickelte, obwohl er ein bisschen älter war.

Katja

Dagegen gab es Personen, die in einem bestimmten Alter stehen geblieben waren, die in ihrem Erleben festhingen und von der zeitlichen Entwicklung nichts mitbekamen. Das wiederum wurde offensichtlich, als das Alltags-Ich, und somit der Körper, dieses Alter längst hinter sich gelassen hatten, und stehen gebliebene Anteile unvermittelt hervortraten und altersgerechte, kindgerechte Dinge tun wollten. Sie besannen sich in den unmöglichsten Situationen ihrer Existenz, um zu spielen oder zu singen oder eine Geschichte zu hören.

Und eine dieser Personen, die sich dem Kalender und der Zeit nicht anpassen konnte, war Katja. Sie blieb gewissermaßen im Kleinkindalter gefangen. Für Katjas Entstehung sorgte die Mutter, die ihr Kind regelmäßig nach den überstandenen Zeremonien abholte.

Anne stand alleine da und wartete mit Keksen in der Hand auf ihre Mutter. Anne fühlte sich nicht wohl, sie wusste nicht, an welchem Ort sie sich befand oder wie sie dort hingeraten war. Sie hatte zur Belohnung Schokolade und Kekse bekommen. Das bekam sie immer, wenn sie artig war.

Doch den netten Mann, der ihr die Süßigkeiten zugesteckt hatte, kannte sie nicht. Sie fand ihn nett, schließlich hatte er sich um sie gekümmert. Er hatte ihr geholfen, die Schuhe anzuziehen und sie auf den Arm genommen, als sie durch ein kellerartiges Gewölbe gingen, um ins Freie zu gelangen. Zwar musste er ihr die Augen verbinden, aber er sagte, das sei, damit sie sich nicht fürchtete. Anne vertraute ihm, seine Haut fühlte sich warm an und sie mochte seinen Geruch.

Woher die Mutter kam, um sie abzuholen, wusste Anne nicht. Irgendwie gelang es ihr, sie zu finden, obwohl sie fast jedes Mal an einer anderen Stelle wartete. Anne freute sich auf die Mutter und gleichzeitig empfand sie Unbehagen. Denn die Mutter freute sich nicht, Anne zu sehen, sie war ihrer überdrüssig und wollte ihre Ruhe, am liebsten für immer, aber das hätte sie selbst in Gefahr gebracht. Also steckte sie Anne kurzerhand in den Kofferraum, drehte die Musik auf und fuhr los. Noch während die Klappe sich schloss, kam Katja zum Vorschein und Anne verschwand im Nichts. Katja war ein vierjähriges, verspieltes Mädchen und Katja blieb ein vierjähriges, verspieltes Mädchen. Indes nahm der Fahrstil der Mutter derbe Ausmaße an, sie tobte innerlich und versuchte, ihrer Tochter mit zusätzlichen Brems- und Beschleunigungsmanövern die Flausen, die inneren Dämonen auszutreiben. Sie fühlte ihre Ehre durch die Tochter beschmutzt.

Zu Hause angekommen wunderte Anne sich über die vielen Kekskrümel und Schokoladenflecken in ihren Anziehsachen. Außerdem tat ihr alles weh, sie konnte sich kaum bewegen. Ihre Mutter wurde wieder gemein, sie schimpfte und Anne wusste nicht warum. Wie automatisch steckte sie ihre Tochter in die Wanne, diese bekam glasige Augen, wechselte vielleicht die Augenfarbe und wirkte abwesend. Alles in allem ein neuer Grund für Strafe. Erschöpft und traurig, weil sie niemand verstand, schlief Anne ein.

Der Alltag

Abends kam der Vater ins Zimmer. Anne war froh, ihn zu sehen. Doch Lena ahnte, was gleich passieren würde, sie hatte Angst und nässte ein. Anne versuchte, sich ihre Untat nicht anmerken zu lassen, immerhin war sie sein großes Mädchen. Lena ließ nicht locker und begann zu zittern, der Körper bebte und Anne verschwand endgültig. Jasmin übernahm und ließ den fremden Mann die Dinge tun, die er tun musste. Das Ende der Prozedur erlebte Tina, die irgendwann unsanft unter der Dusche landete. Anne wunderte sich später, dass der Vater einfach gegangen war, ohne Gute-Nacht-Geschichte und ohne zu kuscheln. Das lag aber wahrscheinlich daran, dass sie wieder ins Bett gemacht hatte. Anne schämte sich.

Anne und die meisten der Innenanteile kannten Angst, obgleich Lena die pure Form von Angst darstellte. Sie spürte im Vorhinein, was demnächst geschehen würde und übertrug dieses Gespür auf die körperliche Ebene, um Anne und den Rest zu warnen. Vergebens – Anne erkannte die Warnungen nicht. Im Gegenteil, ihr waren diese Zustände unangenehm und peinlich. Sie wurde wütend und glaubte dauernd zu versagen.

Die Schule

Mit Schrecken erinnerte Anne sich an den ersten Schultag. Ihre Mutter parkte das Auto direkt neben der Schule und Anne beschlich sofort ein eigenartiges Gefühl, obwohl sie das Gebäude noch nie gesehen hatte. Als sie daraufhin ihren Klassenlehrer kennenlernte, war das Chaos perfekt. Anne kannte den Mann nicht und brachte kein Wort heraus, ihr wurde übel, das Herz raste und sie nässte ein – sehr zur Belustigung ihrer Klassenkameraden. Der Lehrer strich ihr über die Wange und beteuerte, dass sie keine Angst zu haben brauche, schließlich würde ihr niemand etwas tun.

Lena sah das ein bisschen anders, sie erkannte den Mann. Er war derjenige, der ihr immer die Plastiktüte über den Kopf stülpte, bevor er sie in die Kiste sperrte. Nicole und einige andere erkannten ihn ebenfalls und ordneten ihm, unabhängig voneinander, die verschiedensten Schandtaten zu. Nur Anne tappte im Dunkeln, sie wusste gar nichts und ärgerte sich, dass sie war, wie sie eben war. Sie wünschte sich, normal zu sein, glatt und reibungslos zu funktionieren, wie ihre Mitschüler.

Gezwungenermaßen arrangierte sich Anne mit der Situation in der Schule. Sie sagte nicht viel, zog sich zurück und hielt sich meist im Hintergrund. Anfangs fiel Anne nicht auf, trotzdem sie ein Doppelleben führte und die Abartigkeiten regelmäßig überhandnahmen. Doch je älter sie wurde, desto schwieriger wurde es, den wachsenden schulischen Anforderungen zu genügen. Anne hatte permanent das Gefühl, nicht ganz bei der Sache, irgendwie abwesend zu sein und zusehends vergesslicher zu werden. Ab der vierten Klasse hielt sie dem Druck nicht mehr stand und ihre Erinnerungslücken wuchsen zu riesigen Kratern heran.

Zu Hause erging es Anne nicht anders. Zwischen Aufstehen und Schule lag in der Regel eine Stunde, in der sie sich auf den Tag einstimmte. Waschen, anziehen und das Pflichtfrühstück mit den Eltern. Anne war kein einziges Detail präsent, alles passierte automatisch.

Sie nahm die Menschen in ihrer Nähe, in ihrer Umgebung kaum wahr. Sie registrierte das äußere Geschehen überhaupt nicht. Ebenso wenig konnte Anne sich selbst oder das eigentliche Leben erfassen – manchmal dachte sie, sich dazwischen verirrt zu haben.

Objektiv betrachtet befand Anne sich in einer Endlosschleife, sie blendete die Realität aus, um ihr Dasein zu ertragen. Vor allem in der Schule behielt sie diesen Mechanismus bei und wanderte zwischen den Welten. Die Situation dort spitzte sich zu, als Anne sich auf Gelerntes besinnen sollte und nicht konnte. Ihr oblag die perfekte Vergesslichkeit. Der Grund dafür war einfach, aber Anne wusste ihn nicht.

Anne war froh, wenn der Tag vorbei war und der Abend anbrach. Abends wünschte sie sich, dass die Nacht bald vorbei sein mochte und es hell wurde. Morgens beobachtete sie die aufgehende Sonne, sie ließ sich von der Wärme und den Strahlen einfangen, doch der Gedanke an die Schule machte alles zunichte. Sie mochte die Schule nicht, das Lernen nicht und ihre Person nicht. Kein Wunder also, dass Anne mittags übermüdet nach Hause kam, sich schuldig, leer und dumm fühlte. Der Unterricht strengte sie an, obwohl sie kaum ihre Anwesenheit erinnern konnte. Ein Tag glich dem anderen. Eine Schulstunde folgte der nächsten und jene galt es auf ganz elementare Weise zu überstehen.

Während Anne schon morgens ihren Gedanken nachhing, weil sie sich nicht auf das Hier und Jetzt konzentrieren konnte, oder die Buchstaben vor ihren Augen verschwammen, standen einige der Innenpersonen am Fenster und hofften für einen Moment die Seiten zu wechseln. Sie warteten auf das passende Stichwort, eventuell auf das Fach, das sie interessierte, für das sie sich verantwortlich oder zuständig fühlten. Und im günstigsten Fall lösten sie Anne nacheinander ab, doch meist trat der ungünstigere Fall ein und es gab ein wirres Durcheinander. Nur Anne bemerkte nichts davon, an ihr lief der Unterricht weitestgehend vorbei.

Julius, der Beschützer, war einer der wissbegierigsten Innenanteile. Geschichte liebte er über alles, und er hatte ein Faible für Zahlen und Formeln, entsprechend machte er sich Mathe zu eigen. Für das Opfer Chemie entschied er sich, um Anne einen Gefallen zu tun und um die anderen vor Unfug zu bewahren. Julius konnte Anne verhältnismäßig gut einschätzen und er wusste, dass sie naturwissenschaftlich keine Begabung war. Ihre Stärken lagen woanders.

Das physikalische Interesse teilte Julius mit Nicolas und dieser ließ sich nicht gern auf die Finger schauen, somit trat Julius das Fach vorsichtshalber an ihn ab. Allerdings war Nicolas nicht unbedingt zuverlässig, weshalb es passieren konnte, dass er plötzlich keine Lust mehr auf Physik hatte und einfach verschwand. Zurück blieb dann Anne, die sich mit Physik überhaupt nicht auskannte und die sich fühlte, als ob sie die letzten Stunden komplett verschlafen hätte.

Ähnlich erging es ihr, wenn sie ein Lob für ihre herausragenden Geschichtsleistungen bekam und dabei nicht einmal die großen Eckdaten erinnern konnte. Gleichzeitig fand Julius sich geschmeichelt, die Noten waren seine und in Geschichte war er zweifelsfrei der Beste. Julius freute sich für Anne, der man seine Anerkennung aussprach. Er war zu klug, um ihr dies übel zu nehmen.

Außerdem bemerkte Julius, dass Nicolas sich an ihn hielt, trotzdem kein direkter Kontakt bestand. So hatte Julius sich beiläufig die Aufgabe erteilt, ihn im Auge zu behalten und gelegentlich ein bisschen zu entschärfen. Ihm gelang es, die Dinge, die Nicolas mit Gewalt und Aggression löste, mit Verstand und Bedacht anzugehen. Julius war der ältere und Nicolas schlicht überlegen. Nicolas wiederum beeindruckte die Besonnenheit, mit der Julius zur Tat schritt, er sah zu ihm auf und hielt sich an seiner Seite.

Dennoch ergab sich für Julius der Spagat, einerseits Nicolas im Auge zu behalten und andererseits auf Anne zu achten, die die Schule vollkommen überforderte. Oder besser gesagt, Anne bekam das Chaos, in dem sie steckte, gar nicht mit. Folglich wurde es selbst Julius manchmal zu anstrengend, und sofern er Anne einigermaßen sicher wusste, zog er sich gestresst zurück und überließ den anderen die Regie.

Die Fächer Kunst und Musik machte sich Lena zunutze, sie war die Feinfühligste von allen und brauchte diesen Ausgleich. Wobei die klassischen Tuschkasten-Malstunden ein massives Problem darstellten – dort tauchte Katja auf, die sich aufgrund der bunten und nassen Farben ihrer Existenz besann. Sie machte Lena mit ihren beispiellos peinlichen Auftritten regelmäßig das Leben schwer.

Doch die Blamage erreichte Anne und den dazugehörigen Rüffel der Lehrerin kassierte sie ebenfalls. Bis die anschließenden Lästereien der Mitschüler Nicolas auf den Plan riefen, der dem Theater ein Ende bereitete und für Ruhe sorgte. Nicolas scheute sich nicht, laut und hitzig oder gewalttätig zu werden, solange er nur genügend Anerkennung und Bestätigung bekam.

Letzten Endes wurde Anne wegen ihrer unkontrollierbaren Wutausbrüche dem Unterricht verwiesen und nicht selten ging eine Benachrichtigung an die Eltern. Aber Anne konnte sich an das Vorgefallene nicht erinnern und für ihre Ignoranz, ihre Überheblichkeit wurde sie angemessen bestraft.

Das Heranwachsen

Zwischenfälle dieser Art waren in den Augen der Eltern unentschuldbar und verstießen gegen jegliche Regeln. Annes Vater war Steuerberater, er hatte eine renommierte Kanzlei und gute Kontakte. In seiner Freizeit spielte er Tennis und pflegte auch dort einen entsprechenden Umgang. Die Mutter arbeitete halbtags für die Kirche, sie war ein Ass in der Verwaltung. Beruflich hatten beide etwas erreicht und das Gleiche erwarteten sie von ihrer Tochter. Sie setzten gute Leistungen als selbstverständlich voraus. Anne hatte gefälligst zu funktionieren, Abweichungen wurden nicht geduldet. Doch Anne genügte den Ansprüchen ihrer Eltern nicht, trotz intensivster Bemühungen. Die Schuld daran trug sie selbst, schließlich war zu Hause alles in Ordnung.

Und dennoch fühlte Anne sich abgelehnt. Außerdem verlor sie dauernd die Kontrolle über sich, was ihre Autonomie endgültig zerstörte. Sie gab sich auf und glaubte, den alltäglichen Anforderungen nicht gewachsen zu sein. Sobald man ihr mehr abverlangte, als sie sich selbst zutraute, scheiterte sie.

Anne war traurig, sie dachte viel nach, hörte Musik und wünschte sich erwachsen zu sein, frei zu sein. Gleichzeitig schämte sie sich für ihre Gedanken. Ihr fehlte ja nichts, sie besaß alles und war doch verzweifelt. Den Eltern blieb Annes Zustand nicht verborgen, sie beklagten ihre Undankbarkeit und ihre grenzenlose Faulheit. Sie fanden sich mit ihrer Tochter gestraft, weil sie den Spott fremder Leute auf sich zog, weil sie permanent log und vorgab, sich nicht erinnern zu können. All das fiel zwangsläufig auf die Eltern zurück, die sich frei von Schuld und Fehlern fühlten.

Mitunter glaubte Anne, ihr Leben war ein böser Traum, ohne zu wissen, warum sie das dachte. Manchmal weinte sie, einfach so, grundlos oder weil sie die Welt nicht verstand. Anne versteckte sich hinter dem Fernseher oder hinter Büchern, oder sie träumte sich in ein anderes Leben. In jenen Momenten arrangierte sie sich mit ihrem Dasein. Eigentlich wollte sie froh sein, doch sie konnte es nicht.

In der Schule fehlte Anne oft, was ihren Leistungen aber keinen Abbruch tat. Zumindest nicht auf den ersten Blick. Annes Noten waren wie sie selbst – schwer zu erfassen. Anne lag entweder weit vorne oder weit hinten, ein Dazwischen, einen Durchschnitt oder ein Mittelmaß gab es nicht. Darüber wunderte sich niemand, man hatte sich an Anne und ihre Eigenheiten gewöhnt.

Sogar daran, dass sie meist nicht redete. Doch Anne hatte Angst. Sie hatte Angst, etwas Falsches zu sagen, sie hatte Angst, überhaupt etwas zu sagen und hüllte sich deshalb in Schweigen. Oder sie wollte sprechen und konnte nicht, als ob zwischen ihr und dem gesprochenen Wort etliche Kilometer lagen. An guten Tagen wiederum redete sie, sie mochte Wortspiele und sprach schon früh mehrere Sprachen.

Für ihre Umgebung war Anne ein vollkommen undurchschaubares Phänomen, einige mochten sie zwar, aber die meisten lehnten sie ab oder grenzten sie aus. Anne hatte sich ihrerseits daran gewöhnt, sie erwartete nicht, dass man sie wirklich kennenlernen wollte. Und wäre dies der Fall gewesen, hätte sie wohl kaum damit umzugehen gewusst. Im Endeffekt schien ihr nur die Distanz genügend Sicherheit zu garantieren.

Gleichwohl verließ Anne zeitweilig ihr Schneckenhaus und wirkte ganz normal. Solange sie sich sicher fühlte, tauchten keine Probleme auf, sie konnte lachen und Spaß haben. Doch es gab Augenblicke, in denen Lena plötzlich die pure Angst verkörperte und Anne nicht mehr reagieren konnte.

Im Wald verstecken spielen beispielsweise begann für Anne mit großer Freude, schließlich wurde sie nicht oft gefragt, ob sie mitmachen wollte. Der Wald jedoch erinnerte Lena, ermahnte Nicole und rief automatisch Nicolas, Julius oder Katja hervor, die sich aufgrund einer Spinne oder der Finsternis angesprochen fühlten. Lena genügte die ungute Vorahnung, der Geruch oder die Atmosphäre. Sie hielt es nicht aus, die Augen schließen zu müssen, zu zählen und abzuwarten. Und sie mochte sich nicht zwischen Bäumen oder Sträuchern verstecken. Lena wartete in solchen Situationen auf jemanden, der sie fand und ihr zwangsläufig Böses bescherte. Sie konnte Spiel und Ernst nicht unterscheiden.

Anne indes tollte herum, nicht selten mit nasser Hose, trotz ihres inzwischen fast pubertären Alters. Sie hasste es, dies nicht unter Kontrolle zu haben. Julius griff nicht ein, er beobachtete das Geschehen. Nicole registrierte und Nicolas schoss bei der kleinsten Anspielung durch Annes Spielkameraden nach vorne und verteidigte sich. Er ertrug es nicht, beleidigt zu werden und zugleich mit ansehen zu müssen, dass Lena sich ängstigte und den Wald verlassen, bedingungslos aufgeben wollte. Schließlich gab es dafür keinen Grund, abgesehen von der nassen Hose – aber die nahm Nicolas nicht wahr.

Und Anne wollte spielen, einfach nur spielen, doch nicht einmal das gelang ihr. Niedergeschlagen und gedemütigt ging sie nach Hause. Dort wurde Anne schon von der Mutter erwartet, die wie üblich über ihre Unfähigkeit schimpfte, ihr drohte und dem Vater vorstellte, der sie etwas später aus nicht nachvollziehbaren Gründen ihrer neuen Blessuren wegen verachtete.

Jasmin, Silvia und Tina, die in der Zwischenzeit anwesend waren, hätten, wie Nicole, erzählen können, was passiert war. Doch Anne erinnerte nichts, sie war sich peinlich und wollte nie wieder spielen gehen, wenigstens nicht in absehbarer Zeit. Folglich zog sie sich zurück und baute sich ihre eigene Welt, bis irgendwann Gras über die nasse Hose und die Klopperei gewachsen war. Zu gerne hätte Julius Anne beschützt, statt sie aus der Ferne zu beobachten, aber letztendlich war er für diesen Fall nicht zuständig.

Die Jahre vergingen, liefen dahin, ohne dass sich etwas veränderte.

Die Schwangerschaft

Mit 15 wurde Anne schwanger, wie das passieren konnte und von wem, wusste sie nicht. Sie war verliebt, in einen Jungen aus der Zwölften, bloß das allein machte nicht schwanger. Die Mutter peinigte Anne, schlimmer denn je und der Vater mied sie, ging ihr aus dem Weg.

In diversen Ritualen begrüßte man den Feten und freute sich auf dessen Ankunft. Lena erahnte die bösen Absichten der Menschen und Mächte hinter den Kutten. Jasmin ließ alles über sich ergehen, die anderen ebenfalls. Nur Anne war nicht dabei, sie erschien später und wurde, wie üblich, von der Mutter nach Hause gefahren. In den Kofferraum passte sie längst nicht mehr und die Zeit von Keksen und Schokolade war vorbei.

Mittlerweile geschahen die Dinge automatisch, die jeweiligen Innenpersonen kamen aus freien Stücken hervor, zu gut wussten sie, was passierte, wenn sie sich wehrten. Und komischerweise hingen alle an ihrem Leben oder hatten zumindest ausreichend Angst vor Qual und Folter – bis auf den Anteil, der auf Alkohol reagierte. Dieser Anteil kam erst hervor, sobald er unter Drogen gesetzt und gequält wurde. Er hatte sich mit der Tatsache arrangiert. Für ihn war es normal, Dinge auszuhalten, die andere nicht mehr aushielten. Und eigentlich war ihm egal, ob er lebte oder nicht, er wollte schlicht seine Ruhe.

Anne war schwanger, konnte aber kein richtiges Gefühl dafür entwickeln. Trotzdem gewann sie den Winzling in ihrem Bauch lieb. Bis wenige Wochen vor der Geburt ging Anne zur Schule und nahm am Sportunterricht teil – sie verheimlichte ihren Zustand. Als dieser schließlich sichtbar wurde, musste sie Zuhause bleiben. Die Eltern schämten sich für sie und dementsprechend behandelten sie sie, bestraften sie für die Schande.

Der Vater verging sich weiter an ihr, noch wütender, noch aggressiver. Jasmin, Silvia und Tina ertrugen es. Anne beseitigte anschließend die Spuren. Sie verabscheute sich, weil sie sich wahrscheinlich wieder irgendwo herumgetrieben hatte und sich nicht erinnern konnte.

Alex

Vorsorgeuntersuchungen gab es nicht. Keine offiziellen, denn manchmal wunderte sich Anne über Spuren von Gel auf ihrem Bauch und hoffte insgeheim, einfach nicht bei der Sache gewesen zu sein. Nicole wusste, woher die Spuren stammten. Man verpasste dem Ungeborenen Elektroschocks und beobachtete dessen Reaktionen auf dem Ultraschall. Eine sichere Methode, um das Baby schon im Mutterleib aufzuspalten.

Diese Prozedur erlebte Alex. Sie kam selten zum Vorschein, sie wollte die Einheit von Jasmin, Silvia und Tina nicht stören. So sprang sie ein, falls körperlich oder seelisch zugefügte Schmerzen für die anderen nicht einzuschätzen waren.

Alex war entstanden, als man die kleine Anne in den Keller sperrte und ihr, sobald sie versuchte die Tür zu öffnen, heftige Stromschläge versetzte. Alex schlief die meiste Zeit, sie bekam das Geschehen draußen nicht mit. Der Kontakt mit Strom allerdings wirkte wie ein Wecker. Alex wachte auf und übernahm die Kontrolle.

Die Geburt

Als die Wehen eingeleitet wurden und Anne ihr Kind zur Welt brachte, war Alex anwesend, die die Prozedur durchstand. Die Geburt war grausam. Alex erlebte den gesamten Ablauf, aber sie konnte nichts tun. Anne entband nicht in der Klinik, sondern im Beisein aller.

Das Drama wurde zur Tragödie, als das Baby geopfert wurde. Unter anderem sah Anne mit an, wie man ihrem Kind das Herz herausnahm und es daraufhin vollends verstummte. Ihr Kind war ein Mädchen, dass man missbrauchte, bevor man es opferte, wem auch immer.

Anne hatte währenddessen nicht die vollständige Kontrolle, sie war parallel zu den anderen anwesend, ohne tatsächlich die Situation zu beherrschen. Ähnlich einem Traum, der sich hinterher bloß bruchstückhaft erinnern ließ. Sie wollte eingreifen und konnte nicht. Sie schaffte es kaum, das Geschehen zu erfassen.

Anne, Alex und der Rest waren wie im Rausch, obwohl man ihnen den Schmerz nicht genommen hatte, sondern weitere Schmerzen zufügte. Ungleich schlimmer waren die seelischen Grausamkeiten. Anne und Co. sollten das warme Herz anfassen, davon essen. Dafür war niemand zuständig, selbst Nicolas weigerte sich. Widerwillig übernahm Alex. Tina unterdrückte ihren Würgereiz und ihre Tränen, sie hörte kurzfristig auf zu atmen. Lena war verschwunden, sie hatte sich aufgrund der brutalen Machenschaften im inneren Dunkel verirrt. Der Anteil, der auf Alkohol reagierte, hielt alles mit aus. Doch ihm war es egal, er hätte am liebsten dem Baby das Martyrium abgenommen und wäre an dessen Stelle gestorben.

Die Drogen unterschieden sich von den bisherigen, die Personenwechsel, die Switches waren unkoordiniert, vermischt und durcheinander. Solch tranceähnliche Zustände, in denen mehrere Anteile zur selben Zeit fragmentarisch anwesend waren, sollten später noch oft auftreten – auch ohne Drogen. Niemand durfte sich im Ganzen erinnern oder eventuell vorhandene Details zusammenfügen können. Und niemand hätte gewagt, etwas zu erinnern.

Verstrickungen

Die Schwangerschaft war einmalig. Anne konnte nicht mehr schwanger werden. Die inneren Verletzungen waren zu groß. Doch das Leben ging weiter, folglich verlor keiner ein Wort über diese Lappalie. Annes Vater hatte Einfluss und Anne Glück, sie durfte eine Nachprüfung ablegen und konnte, trotz der Fehlzeiten, ins nächste Schuljahr versetzt werden.

Außerdem war der Hausarzt ein Tennispartner des Vaters und ein Freund der Familie, dessen Atteste wahre Wunder bewirkten. Anne sah zu ihm auf, wegen seines hohen technischen Sachverstandes. Er war stets mit den neuesten Geräten ausgestattet, bei denen Anne sich fragte, inwieweit ein Hausarzt diese überhaupt benötigte. Seine letzte Errungenschaft war ein hochmodernes Ultraschallgerät. Anne führte die kostspieligen Anschaffungen auf seine Klientel zurück, immerhin behandelte er die halbe Tennissparte. Als kleines Kind holte Anne manchmal ihre Salbenrezepte bei ihm ab und schon damals hatte sie ein seltsames Gefühl von Vertrautheit, sein Geruch kam ihr bekannt vor.

Nähe und Distanz

Die kommenden Schuljahre durchlief Anne mit den für sie typischen Höhen und Tiefen. Ihre große Liebe hatte inzwischen Abitur gemacht und zu studieren begonnen. Sie trafen sich regelmäßig, wobei Anne sich meist nicht an die Nächte erinnern konnte, und der Tag von einem bizarren Schleier umhüllt war. Sie wusste nicht, wo sie gerade war, ob sie bei ihm oder woanders übernachtet hatte.

Zudem hatte sie sich in eine Frau verliebt und diese Frau trug sie auf Händen. Doch echte Liebe ertrug Anne nicht. Sie beendete die Beziehung, noch bevor sie richtig begonnen hatte. Anne hielt niemanden länger als ein paar Stunden in ihrer Nähe aus, sie fühlte sich eingeengt, irgendwie erdrückt oder bedroht.

Erste Kontrollverluste

Einige der Innenpersonen standen aufmerksam am Fenster und beobachteten die Geschehnisse draußen. Sie sprangen ein, wenn sie sich zuständig fühlten oder das Bedürfnis hatten, die Seiten zu wechseln. Anne hatte sich im Laufe der Zeit an ihre Aussetzer und ihre Vergesslichkeit gewöhnt.

Dennoch hatte die Angst Wurzeln geschlagen, ebenso die Last der Traurigkeit. Die Phasen, in denen Anne sich zurückzog, nahmen zu. Sie brauchte die Momente des Alleinseins. Ihre Stimmung schwankte dermaßen, dass sie, um den inneren Druck loszuwerden, bis zur totalen Erschöpfung tanzte oder Alkohol und Zigaretten konsumierte und manchmal alles zusammen. Anne mochte Discos, dort hatte sie den notwendigen Abstand, dort war jeder mit sich und seinen Eindrücken beschäftigt.

Die Eltern verfolgten Annes Entwicklung mit Argwohn, sie verloren offensichtlich die Kontrolle über ihre Tochter. Anne funktionierte nicht mehr in ihrem Sinne, sie lief ihnen aus dem Ruder – und sie lief nicht nur ihnen aus dem Ruder.

Kurz vor dem Abitur verreiste Anne für ein paar Tage. Ihr Freund hatte sie eingeladen, er wollte sie vom Lernstress ablenken. Anne freute sich, trotzdem hatte sie ein ungutes Gefühl. Ihr war nicht wohl bei dem Gedanken, mit ihm allein zu sein. Und Anne sollte recht behalten. Schon am zweiten Abend eskalierte die Situation.

Annes Freund beschloss die gedrückte Stimmung zu heben und verabreichte ihr unbemerkt einen Spannungslöser. Anne verlor postwendend die Kontrolle. Julius, Nicolas und Lena saßen abwechselnd dem irritierten Freund gegenüber. Lena begann zu schwitzen und nässte ein. Nicolas schimpfte, wurde aggressiv und Julius wollte eine Erklärung.

Die Mauer des Anteils, der auf Alkohol reagierte, wurde durchlässig und der Anteil, der dazwischen ging, wartete achtsam auf seinen Einsatz. Die Hose war nass, das Lachen hysterisch und die Gier nach Alkohol oder Drogen unübersehbar. Das Wesen, das nun wütend auf den Freund einprügelte, weil es gedemütigt worden war, hatte mit Anne nichts gemein. Der Freund reagierte und setzte Anne in die Badewanne, er brauste sie ab und lernte Tina kennen, die aufgrund des kalten Wassers nach draußen rutschte.

Mit der Situation vollkommen überfordert fuhr er Anne nach Hause und beendete die Beziehung. Noch in derselben Nacht kam Anne mit einer Alkoholvergiftung ins Krankenhaus. Sie wurde besinnungslos von Passanten im heimischen Park aufgefunden.

Der Anteil, der auf Alkohol reagierte, hatte jetzt außerdem übermäßig sensibel auf die emotionale Krise reagiert und seine Konsequenzen gezogen: Er wollte sterben. Der Anteil, der dazwischen ging, stand dem machtlos gegenüber: Er konnte nichts tun. Es war niemand zuständig.

Das fremde Böse

Das Donnerwetter der Eltern ließ sich fast absehen. Aber Anne stolperte wieder über den gleichen Stein, ihr fehlte jegliche Erinnerung. Darüber hinaus hatte sie Liebeskummer. Und so folgte die Strafe für Annes Unverfrorenheit prompt.

Man versuchte, ihr mit grausamsten Mitteln die Eigenwilligkeit zu nehmen. Allerdings konnten die Personenwechsel nicht mehr vollständig kontrolliert werden, sie liefen nicht mehr vorhersehbar oder geplant ab. Das System war aus unerklärlichen Gründen durcheinandergeraten und anscheinend abtrünnig geworden.

Man erhöhte die Druckmittel, ließ Anne nicht zur Ruhe kommen. Doch Anne bemerkte, abgesehen von einer ständigen Übelkeit und Kopfschmerzen nichts von alldem. Manchmal schreckte sie zusammen, weil sie sich verfolgt fühlte, aber sie glaubte, dass sie sich das bloß einbildete.

Während Anne und die anderen tagsüber das Abitur schrieben, befahl man Jasmin, in diversen nächtlichen Zusammenkünften zu gehorchen und dem Anteil, der auf Alkohol reagierte, seinem Auftrag nachzukommen. Doch das tat er nicht. Er wollte sterben.

Offenbar war es nicht gelungen, ihm zwei Seiten anzuerziehen. Es schien nur eine Seite zu geben und die war dem System Anne zugewandt. Und die zweite Seite, die zwangsläufig notwendig war, um mit der fremden Macht in Verbindung zu bleiben, war entweder überhaupt nicht entstanden oder gewissermaßen mutiert.

Der Anteil, der auf Alkohol reagierte, hätte normalerweise eine Verbindungs- und zugleich Verbündungs- bzw. Verräterposition innehaben sollen. Er sollte die Begebenheiten des Systems im Auge behalten und der fremden Macht berichten. Parallel sollte er die Anordnungen der fremden Macht dem System Anne vermitteln, ohne von diesem enttarnt zu werden. Und nun besaß der Anteil, der auf Alkohol reagierte, die Wechselhaftigkeit eines Chamäleons, erfüllte aber nicht die damit verbundene Funktion.

Dementsprechend versuchte man den Programmfehler mit Elektroschocks zu beheben und hoffte, dass das System für eine neuerliche Spaltung oder Korrektur nicht schon zu alt war. Man wusste jedoch nicht, dass sich statt der eigentlich geplanten zweiten Seite des Anteils, der auf Alkohol reagierte, eine vollkommen eigenständige und vom System unabhängige Person entwickelt hatte, die in diesem Moment zum Leben erwachte. Jene erwachte, während Alex und der

Rest das Martyrium der Folter ertrugen. Es kam also weder zu einer Korrektur noch zu einer neuerlichen Spaltung.

Die erwachte Person war eine Fremde und dem System nicht zugehörig. Sie war fähig, das Denken aller Personen zu speichern und der fremden Macht auf Abruf unzensiert weiterzuleiten. Sie befand sich auf der Uhr, konnte aber von den anderen Personen auf der Uhr nicht entdeckt werden. Ähnlich einem terroristischem Schläfer, der erwachte, wenn er gerufen wurde und ansonsten unerkannt blieb. Allein der Anteil, der auf Alkohol reagierte, wusste von der Existenz und der Bedingungslosigkeit dieses automatisch handelnden, geschlechtslosen Wesens, das im Grunde seine andere Hälfte hätte sein sollen.

Die fremde Macht befand sich somit außerhalb der Uhr und versuchte, über die erwachte Person, das gesamte System auf der Uhr zu kontrollieren und zu steuern – ohne zu ahnen, dass sich die erwachte Person von dem Anteil, der auf Alkohol reagierte, abgekapselt hatte. Folglich war man nicht in der Lage, dessen Suizidneigung abzuschätzen oder gar zu unterbinden. Und jede Kontaktaufnahme, um fälschlicherweise sein Denken abzulichten, ließ ihn suizidal werden, denn der Anteil, der auf Alkohol reagierte, hielt es nicht aus, als Mittelsmann und Verräter missbraucht zu werden.

Die neu erwachte Person stellte die eigentliche Verbindung dar, die den Ausschlag über Leben und Tod gab oder über Lebensqualität entschied. Von ihr war alles Weitere abhängig, sie war sozusagen das Himmelfahrtskommando. Doch gleichzeitig befand sich in ihr der Code, der das fremd eingegebene Denken entschlüsseln und nutzlos werden lassen konnte.

Der Anteil, der auf Alkohol reagierte, verfolgte mit Schrecken die aktuelle Entwicklung auf der Uhr. Sein Gewissen ließ ihm keine Ruhe. Er warf sich vor, nicht eingeschritten zu sein und den ihm zugedachten Part übernommen zu haben.

Von hier an sollte der Anteil, der auf Alkohol reagierte, vergleichbar heftig auf negative Emotionen reagieren. Daher war es kaum verwunderlich, dass es nicht bei einer Alkoholvergiftung blieb. Aber das System Anne war klug und lernte schnell mit diesen Situationen umzugehen.

Das Fremde und das Leben

Anne bestand das Abitur, den Plänen ihrer Eltern folgte sie allerdings nicht. Sie wollte Distanz und den Trubel der vergangenen Wochen hinter sich lassen. Außerdem wollte sie ihren Freund vergessen, deshalb entschied sie sich für einen Auslandsaufenthalt – über Nacht. Anne ging, sie verschwand ohne ein Wort. Sie dachte nicht nach, sie floh schlicht vor sich selbst und der bisherigen Enge.

Und tatsächlich fühlte sie sich zum ersten Mal frei. Sie genoss die Zeit, das fremde Land, die Menschen und die Jobs, mit denen sie die gröbsten Notwendigkeiten finanzierte. Anne war zur Ruhe gekommen, sie war sogar ein bisschen glücklich und begann beinahe zu vergessen.

Doch nach ein paar Monaten kontaktierte sie ihre Eltern per E-Mail, neugierig auf deren Reaktion. Aber die Eltern waren nicht neugierig, im Gegenteil, sie standen unter Druck. Sie gaben die Nachricht weiter und postwendend stellte man eine Verbindung zum Schläfer her – zu der Person, die neu erwacht war und die nun bereitwillig die geforderten Informationen der letzten Monate wiedergab.

Der Anteil, der auf Alkohol reagierte, beobachtete das Trauerspiel und wurde suizidal, sein Gewissen ließ ein Weiterleben nicht zu. Der Anteil, der dazwischen ging, war wieder einmal rechtzeitig zur Stelle und rettete ihm, Anne und den anderen das Leben. Die Gewohnheit holte Anne ein, sie konnte sich an nichts erinnern und flog zurück.

Noch bevor Anne ins Ausland ging, hatte sie sich an einer Hochschule für Bildende Künste eingeschrieben, sich auf die Warteliste setzen lassen. Denn eigentlich sollte sie Grundschullehrerin werden und mit Kindern arbeiten. Und sie sollte gefälligst gehorchen, den Eltern und der fremden Macht. Aber Anne gehorchte nicht. Gleich nach ihrer Rückkehr bezog sie eine kleine Wohnung in einem anderen Ort und begann das Wunschstudium.

Doch der fremden Macht war sie ausgeliefert, sie entkam ihr nicht. Sie trug sie in sich, als die Person, die neu erwacht war und die jetzt fleißig Auskunft über das aktuelle Tun des Systems Anne gab. Ein Anruf, ein Brief, eine Postkarte, eine Stimme oder eine kurze Begegnung genügte und der Anteil, der neu erwacht war, nahm Kontakt zu der fremden Macht, seinem Zuhause auf. Die Aktivierung von Jasmin funktionierte ähnlich dem Schläfer, bloß war sie als Person zu erkennen und somit weniger gefährlich.

Anne erfasste das alles nicht, sie erkannte den Schläfer nicht. Die Kontaktaufnahme und der Verbindungsaufbau liefen an ihr und den anderen vorbei. Mit Ausnahme des Anteils, der auf Alkohol reagierte – der sich seiner zwangsläufigen Untätigkeit wegen verabscheute.

Egal wo Anne sich aufhielt, sie wurde gefunden. Nach außen merkte man ihr nichts an, sie konzentrierte sich auf das Lernen. Von ihren Eltern distanzierte sie sich zwar, unterband weitgehend den Kontakt, aber die Abhängigkeit blieb bestehen. Sie wunderte sich längst nicht mehr, dass sie zu den unmöglichsten Zeiten an den unmöglichsten Orten unterwegs war. Und an ihre Alkoholkrisen hatte sie sich genauso gewöhnt. Nur von ihrem Doppelleben hatte sie noch immer nicht die geringste Ahnung.

Anne interessierte sich für viele Dinge und war trotzdem orientierungslos. Ein echtes Ziel verfolgte sie nicht. Sie zog ein paar Mal um und wechselte den Studiengang, weil sie sich mitunter langweilte. Neben Kunst studierte sie Sprachen, Geschichte, Soziologie und Sport. Anne wollte sich nicht festlegen oder sie konnte es nicht. Ihren Lebensunterhalt finanzierte sie mit vergleichbar abwechslungsreichen Jobs. Von den Eltern erwartete sie keine Unterstützung und um Hilfe bat sie sie nicht. Anne organisierte ihr Leben alleine, dachte sie zumindest.

Die bittere Wahrheit unterschied sich allerdings erheblich von ihren Vorstellungen. Denn durch Jasmins Verfügbarkeit unterstützte Anne die fremde Macht und machte sich selbst abhängig. Ihr war nicht bewusst, dass sie andere mitfinanzierte und sich auf diese Weise eine Organisation aufrechterhalten konnte, die es besser nicht gab.

Unter Berufung auf die Allmacht war offenbar alles erlaubt. Anne befand sich in einem Haifischbecken, am Ende der Nahrungskette, in der ständigen Gefahr gefressen zu werden. Aber Anne war bloß ein kleiner Fisch, einer von vielen, die die Organisation benötigte, um zu existieren.

Manche von ihnen hatten versucht zu fliehen, doch das Netz war überall, niemand entkam. Einige verschwanden spurlos und endgültig – das Haifischbecken war ihnen zum Verhängnis geworden. Dieses Prinzip funktionierte, indem jeder jeden beobachtete und letztlich niemandem vertraute. Alltägliche Situationen bekamen so eine ganz andere Bedeutung. Der kleinste Regelverstoß wurde gemeldet und hatte Folgen, brutalste Folgen. Immer wieder wurden die Opfer zu Tätern und die Täter zu Opfern. Sie beherbergten beides in einer Person und sie wussten es. Einerseits waren sie abhängig und der Obrigkeit ausgeliefert, andererseits befanden sie sich in einem lebenslangen Schuldgefängnis.

Anne war gespalten, wie die meisten anderen auch, dementsprechend funktionierte sie. Für das Netz war sie eine wichtige Einnahmequelle, wenigstens bis zu einem gewissen Alter. Danach wurde es schwieriger, sie zu verkaufen oder sie an den Mann zu bringen. Aber Anne bemerkte nichts davon, sie hatte ihre eigenen Probleme und sie hasste sich dafür. Sie ahnte nichts von der inneren Politik, die dem zugrunde lag und aus der ein Entrinnen unmöglich war.

Der Kreis schließt sich

Die Jahre zogen an Anne vorbei, ließen sie altern, doch sie fühlte sich, als gäbe es keine Zeit, als irrte sie umher. Sie konnte nicht glauben, dass sie tatsächlich erwachsen geworden und damit ihr größter Wunsch in Erfüllung gegangen war.

Wenn sie ihre Erinnerungslücken addierte, fehlten ihr mit Sicherheit mehrere Jahre. Anne hatte keine klaren Strukturen, wie andere Menschen sie hatten. Oft war plötzlich Abend oder Morgen, ohne ein Dazwischen. Den Innenpersonen erging es ähnlich, sie lebten sporadisch und ohne Zusammenhang.

An manchen Tagen wurde Annes Chaos offensichtlich. Sie trug Klamotten, die nicht aufeinander abgestimmt waren, die sämtliche Altersklassen durcheinander gewürfelt zeigten, die betont weiblich oder sehr männlich wirkten. Sie versuchte, dieses Phänomen zu unterbinden, indem sie ihren Kleiderschrank laufend nach Zweckmäßigkeit und Neutralität sortierte, doch das schien ein hoffnungsloses Unterfangen.

Annes Welt war schlicht eine andere, obwohl sie mittlerweile das Studium beendet und diverse Beziehungen hinter sich gelassen hatte. Anne erlebte alles bruchstückhaft, sie konnte nichts und niemanden klar oder lückenlos erinnern. Sie verlor regelmäßig die Kontrolle und sie hatte regelmäßig Phasen, in denen zwischen Leben und Tod nur wenige Sekunden lagen.

Anne probierte, ihrem Dasein einen Sinn zu geben. Sie war auf der Suche nach dem Glück, das sie auszufüllen vermochte. Und mit jedem Umzug, jedem Arbeitswechsel oder jeder neuen Beziehung glaubte sie, diesem Gefühl ein Stück näher zu kommen. Dass sie sich eigentlich auf der Flucht befand, durchschaute sie nicht.

Darüber hinaus sorgte der Anteil, der auf Alkohol reagierte, mit seinen Eskapaden stets für neue Überlegungen. Er brauchte den Alkohol, um seine Existenz zu ertragen oder um sich auszulöschen, und Anne zog daraus die üblichen Konsequenzen. Sie ging weg und begann woanders von vorne. Bis sie wieder eingeholt wurde – und sterben und betrunken sein dasselbe bedeutete.

Der Schläfer hielt den Kontakt zur Organisation. Anne konnte nirgends sicher oder gar frei sein. Zudem versuchte man das Aufgabengebiet von Jasmin zu verlagern und den Anteil, der auf Alkohol reagierte, an seine Funktion zu erinnern. Sie sollten sich um die nachrückende Generation kümmern, ihnen den rechten Weg aufzeigen. Und dazu war es zwingend notwendig, dass das System Anne gehorchte.

Doch Anne hörte inzwischen Stimmen und geriet völlig durcheinander. Sie wagte es, sich nach außen zu wenden und um Hilfe zu bitten – das war gleichzeitig ihr Todesurteil. Die fremde Macht ließ Anne über den Schläfer wissen, dass sie sofort sämtliche Kontakte sowie Therapiemaßnahmen abzubrechen hatte und telefonisch erreichbar sein sollte. Folgte sie dieser Warnung nicht, würde ihrem Leben ein jähes Ende gesetzt.

Der Anteil, der auf Alkohol reagierte, verstand die Botschaft und reagierte auf seine Weise. Er wollte die Lebenslüge beenden und dem zwangsläufig tödlichen Intermezzo zuvorkommen.

Wahrheiten und Krisen

Nun versuchte Anne, ihr Leben mit professioneller Unterstützung neu zu organisieren. Sie ließ sich eine geheime Telefonnummer geben und begann auf sich zu achten – die Reize wahrzunehmen, die regelmäßig dazu führten, dass sie die Kontrolle verlor. Den Kontakt zu ihren Eltern unterband sie vollständig, wenigstens bis geklärt war, welche Rolle sie spielten.

Trotzdem hatte Anne Angst. Es fiel ihr schwer, sich einzulassen und dem therapeutischen Prozess zu vertrauen. Sie wartete vielmehr auf den angekündigten, ultimativen Todesstoß. Denn noch wusste sie nicht, woher die Schrift und die Warnung aus dem Tagebuch stammten oder wie sie sich verhalten sollte.

Das innere Chaos

Außerdem fand Anne in ihrem Tagebuch inzwischen Kinderzeichnungen, verschiedene Schriften, herausgerissene Seiten und manchmal versteckte Drohungen, die sich jedoch mit der besagten nicht deckten. Diese Drohungen standen auf den herausgerissenen Seiten und lagen meist zerknüllt am Boden. Dahinter verbarg sich Nicolas, der keine Lust hatte, therapiert zu werden, und der sich für absolut normal und gesund hielt. Außerdem mochte er keine Frauen. Nicole ließ ihn gewähren, ihr Hauptaugenmerk galt dem Anteil, der auf Alkohol reagierte und den sie nicht einzuschätzen vermochte.

Jasmin folgte weiterhin problemlos dem Aufruf der fremden Macht, trotz Geheimnummer. Anne hätte sich einbunkern können, sie wäre gefunden worden. Der Schläfer gab schlicht alle Informationen preis. Er hatte den Auftrag, jede Veränderung, jede Neuerung zu melden und er meldete. Einzig der Anteil, der auf Alkohol reagierte, konnte das Geschehen verfolgen. Und Nicole ihrerseits verfolgte die Veränderlichkeit der Mauer, die den Anteil, der auf Alkohol reagierte, umschloss.

Ebenso in Position wartete der Anteil, der dazwischen ging, auf sein Startzeichen. Er stapfte von Krise zu Krise und rettete das System Anne. Doch mittlerweile war er müde geworden, er brauchte Beistand und bat Nicole um Hilfe.

Gleichzeitig meldete sich Lena, die den Druck nicht länger aushielt. Und Julius versuchte, Anne vor Nicolas zu beschützen.

Alex bekam von alldem nichts mit, sie hatte sich wieder zurückgezogen und schlafen gelegt. Tina kam hervor, falls Jasmin überfordert war oder bei diversen Spielen zu ersticken drohte. Ansonsten interessierte Tina sich nicht für die Dinge, die passierten. Sie hatte sich längst abgewendet. Entdeckte Tina allerdings unterwegs ihr Lieblingsessen, tat sie es Jasmin gleich und belohnte sich. Anne fand später die Überreste des Brathähnchens im Mülleimer und ekelte sich, schließlich war sie überzeugte Vegetarierin.

Annes inneres Chaos war das Ruhekissen der fremden Macht. Solange sie ihr Innenleben nicht kannte oder dies für ein tristes Nebeneinander hielt, triumphierten ihre Verfolger. Und doch kannten sie die Gefahr, die von dem System Anne ausging – trotz Kontrolle.

Therapiestunden

In der Therapie sollte Anne zunächst mit Lena bekannt gemacht werden. Anne musste wissen, woher die Panikzustände rührten und mit diesen umzugehen lernen. Im Zuge dessen würde sie auch Nicolas begegnen, der sie mit seinen Angriffen sicher nicht verschonte.

Julius beobachtete Anne, die sich sträubte, ihr Inneres zu akzeptieren, und damit Lena ängstigte, das wiederum machte Nicolas extrem wütend – er brauchte ja keine Therapie.

Lena kennen zu lernen, bedeutete für Anne zu erfahren, was Lena erlebt hatte, warum sie entstanden war und welcher Aufgabe sie nachkam. Das bedeutete gleichzeitig, Anne musste sich mit Emotionen auseinandersetzen – lernen auszuhalten, zu ertragen und zu glauben. Doch Lena war bloß der Anfang. Ihr überhaupt näher zu kommen oder eine Beziehung zu ihr aufzubauen dauerte wahrscheinlich Wochen. Lena vertraute nicht, sie vertraute niemandem. Und Nicolas tat sein bestes, um ihr das Leben schwer zu machen.

Lena beobachtete die Sitzungen genau und teilte sich entsprechend über Annes Körperreaktionen mit. Oder sie rutschte versehentlich heraus und suchte nach Orientierung, weil sie plötzlich Raum und Zeit verloren hatte. Und während Anne ebenso plötzlich im Nichts verschwunden war, drängelte sich mitunter noch ein ganz anderer dazwischen und übernahm kurzfristig die Führung. Zudem bekam die Therapeutin keinen Zugang zu Lena, somit musste Nicole diesen Part übernehmen und drinnen zwischen Anne und Lena vermitteln.

Indes verlor Anne die Hoffnung auf Besserung. Sie nahm zwar die vielen Anteile in sich wahr, die durchweg negative Erfahrungen gemacht hatten, doch sie fühlte sich bereits mit Lena überfordert. Sie ertrug Lenas Erlebnisse nicht. Anne konnte nicht schlafen, sie hatte Angst und reagierte körperlich. Sie spürte permanent Lenas Existenz, durfte sie aber nicht ablehnen. Im Gegenteil, sie sollte den Kontakt suchen und ihre Bedürfnisse erfassen.

Folglich wagte Anne kaum, an die Erlebnisse der anderen Anteile zu denken. Außerdem musste sie ihre eigenen Defizite aufarbeiten und ganz nebenbei versorgte Silvia sie unentwegt mit Tränen. Aber Silvia begriff nicht, was sie Anne zumutete oder wie sehr sie sie belastete. Silvia kannte keine Einzelheiten und so ging sie freudig ihrem Hobby, dem Verteilen von Emotionen, nach.

Stillstand

Nicole ahnte was passieren würde und verbündete sich prophylaktisch mit dem Anteil, der dazwischen ging, und beide verhinderten die nächste Katastrophe, die diesmal eindeutig auf Annes Konto ging. Sie erfasste die Grenze zwischen Genuss und Kontrollverlust nicht. Davon abgesehen wollte Anne nicht genießen, sondern vergessen.

Nach außen versuchte sie den Schein zu wahren, beständig zu sein, ihre Jobs zu behalten und jene gut zu machen. Doch tatsächlich versuchte Anne ihre Geschichte zu ergründen, der Wahrheit auf die Spur zu kommen und sich selbst zu verstehen.

Die Therapeutin hoffte, ihr Halt zu geben, aber Anne war mit der sich aufdrängenden Wahrheit schlicht überfordert. Sie ging zwei Schritte vor und drei zurück. Die Therapie und das Leben stagnierten. Anne spürte, dass in ihr etwas war, das sie blockierte und kontinuierlich zurückwarf.

Sie wusste von diversen Anteilen auf der Uhr und sie wusste von den wahrscheinlich außerhalb der Uhr existierenden Anteilen. Und sie hatte stets die todbringende Warnung aus dem Tagebuch vor Augen. Doch sie durchschaute nicht, wer oder was sie hinderte voran zu kommen.

Nicole hingegen war wesentlich pragmatischer und fand, dass Anne sich mit den bisher bekannten Fakten konfrontieren und auseinandersetzen sollte, statt sich durch ungeklärte Fragen ablenken zu lassen. Und damit folgte eine Krise der nächsten.

Das Miteinander

Während Anne die Bekanntschaft mit Lena und Nicolas machte, überlegte Nicole das weitere Vorgehen. Die Therapeutin hatte inzwischen sporadisch Kontakt zu Julius und Katja, die sich recht kooperativ zeigten. Julius war klug und gab bereitwillig Auskunft. Katja malte, spielte oder suchte den Körperkontakt. Sie hatte endlich eine Mutter gefunden.

Anne wiederum hatte Schwierigkeiten mit der Tatsache, ein Kleinkind und zwei Männer in sich zu beherbergen, obwohl jene nur einen Bruchteil ausmachten.

Per Zufall tauchte Silvia in der Therapie auf, allerdings nicht klar fassbar, sondern Anne irgendwie belagernd – ein Durchdringen zu Anne war nicht möglich. Silvia unterschied sich als Person deutlich von den bis jetzt bekannten Anteilen. Sie sprach nicht und sie kam nicht heraus, war aber dennoch anwesend. Also musste zwangsläufig ein Anteil im System sein, für den sie sich zuständig fühlte, den sie beschütze. Wie sie das tat und warum, galt es zu gegebener Zeit mit Nicoles Hilfe herauszufinden.

Sobald Silvia nach draußen rutschte, wurde Anne schwindelig und sie erlebte sich in einem Vakuum, in einer nebelartigen Hülle. Anne fühlte sich von etwas umschlossen, das sie in ihrer Handlungsfähigkeit einschränkte. Sie spürte zwar ihre eigene Person, genauso aber die Emotionen, die sie plötzlich umgaben und kontrollierten. Und jeder Versuch, dieses Vakuum zu durchbrechen scheiterte. Ähnlich dem Zustand der Angst, glaubte Anne sich diesen emotionalen Überflutungen ausgeliefert.

Mit sich und ihren permanenten Selbstzweifeln beschäftigt, vergaß Anne beinahe Nicolas, der mit seiner Wut alles und jeden zu zerstören suchte. Er mochte Anne nicht und sie mochte ihn nicht. Er wollte keine Kooperation und für ihn gab es keine Regeln. Nicolas attackierte Annes Körper, er schlug auf sie ein oder er ging mit dem Messer auf sie los. Jene Manöver bewirkten natürlich nicht, dass Anne ihm positiv begegnete oder ihn überhaupt hinterfragen wollte. Doch solange sie diese Bereitschaft nicht entwickelte, ihn ablehnte, gingen die Angriffe weiter.

Trotz der ausgehandelten Verträge, die eine gegenseitige Verletzung verhindern sollten, tat Nicolas sich schwer, Anne und Lena zu verschonen. Allerdings zügelte er mittlerweile seine Aggressionen fremden Menschen gegenüber – ein echter Therapieerfolg. Es war nämlich gelungen, Julius mit Nicolas in Verbindung zu bringen, der nun offiziell auf ihn achtete und von größerem Unsinn abhielt.

Erste Fortschritte

Dieses Zusammenspiel zu organisieren und einigermaßen zu festigen, dauerte viele Monate und bedurfte vieler Entbehrungen. Trotzdem kooperierte Anne mit den Innenanteilen, die sie kannte. Sie organisierte ihre eigene Person und sie schrieb weiterhin Tagebuch.

Alex verschlief die meiste Zeit. Der Anteil, der auf Alkohol reagierte, wurde von Nicole und dem Anteil, der dazwischen ging, bewacht. Silvia genoss ihr Hobby und heftete sich Anne an. Jasmin wurde auf Abruf aktiv und der Schläfer gab, ohne zu zögern, jede dieser Informationen preis.

Anne hatte sich an ihre Höhen und Tiefen gewöhnt, sie plante ihre Rückschritte förmlich ein. Die Therapie war soweit vorangeschritten, dass Anne ein paar der Anteile kaum mehr als fremd ansah. Sie gehörten zu ihr, als hätten sie keine eigene Vergangenheit gehabt.

Selbst das nebelartige Vakuum und die Gefühlsschwankungen konnte Anne mittlerweile akzeptieren, obwohl sie sich mit dem dazugehörigen Anteil Silvia noch gar nicht befasst hatte. Aufgrund dessen beschloss Nicole, Anne jetzt an Silvia heranzuführen und danach zu Jasmin überzuleiten.

Die Therapeutin ahnte längst von Jasmins Existenz und Hörigkeit, aber sie ließ sich Zeit, um niemanden in Gefahr zu bringen. Das System Anne brauchte eine gewisse Stabilität für eine solch heikle Kontaktaufnahme. Außerdem bestand immer noch die Möglichkeit, dass sämtliche Personen zugleich auf Anne hereinbrachen oder sie mit Erinnerungen überschütteten und das konnte äußerst kritisch werden.

Annes Leben war eine Drehscheibe und das Kennenlernen von Jasmin bedeutete mit Sicherheit eine unabwendbare Krise. Nicole und die anderen konnten bloß hoffen, aufmerksam genug und rechtzeitig zur Stelle zu sein, um Tragisches zu verhindern. Ruhig indes schlummerte der Schläfer, er hielt sich geheim und hatte trotzdem die Fäden in der Hand. Doch bisher wusste niemand von ihm.

Anne mit Jasmin zu konfrontieren, bedeutete ferner, die Begegnung mit sadistischen Grausamkeiten. Und zudem die Begegnung mit den verantwortlichen Steuerorganen außerhalb der Uhr, die Jasmin programmiert und abhängig gemacht hatten.

Besagten Mechanismus durchschaute Nicole allerdings nicht. Sie kannte die Verstrickungen und Machenschaften nicht, die von außerhalb der Uhr ausgingen. Nicole wusste zwar, dass Jasmin sich prostituierte und schlimme Dinge erlebt hatte, aber den tatsächlichen Hintergrund konnte sie nicht erfassen.

Anne war bereit für den Schritt Jasmin. Und Nicole gab behutsam die ihr bekannten Informationen weiter. Doch Anne sperrte sich gegen das neue Wissen. Mit Silvia konnte sie einigermaßen umgehen, aber mit Jasmin konnte und wollte sie sich nicht identifizieren. Sie mochte Jasmin nicht als Teil von sich betrachten. Anne schämte sich für sie. Sie hatte schlicht Probleme, Jasmins Aufgabe zu verstehen, jene war ihr peinlich.

Anne verlor die Geduld, sie wollte endlich Normalität. Stattdessen würden wieder Monate vergehen, bis sie die beiden neuen Personen kennengelernt und hinterfragt hatte. Sie hatte geglaubt, das größte und schwierigste Stück Weg schon hinter sich gelassen zu haben.

Das war ein Irrtum, ein großer Irrtum.

Von Nicole begleitet machte Anne sich drinnen auf die Suche nach Jasmin. Nicole gab ihr Sicherheit, zumal Jasmin sich versteckte. Hinter dem Fenster waren Anne und Nicole auf sich allein gestellt. Die Therapeutin leitete den hypnotischen Zustand zwar ein, befand sich aber auf der anderen Seite und konnte nicht direkt in das Geschehen eingreifen. Trotzdem lag es in ihrer Hand, die Reise zu beenden.

Anne und Nicole spürten Jasmin recht schnell auf, beobachteten sie aber vorläufig nur. Jasmin wirkte nicht bedrohlich, eher harmlos und schwach. Dementsprechend näherten sie sich ihr, doch Jasmin reagierte nicht, ihr Blick war versteinert und sie schien keinen festen Platz zu haben, sich stets auf dem Sprung zu befinden. Außerdem war sie schleierartig von etwas umschlossen, das sie zu schützen schien – Silvia, die sich ihr aufgelagert hatte. Doch Silvia beschützte in diesem Fall nicht Jasmin, sondern Anne und Nicole, denn sie wusste, was sich tatsächlich hinter Jasmin verbarg.

Der Anteil, der auf Alkohol reagierte, hielt den Nervenkrieg nicht aus. Er beobachtete den Schläfer, der die Flaschenpost schon fertig hatte und nur abzusenden brauchte, um das System Anne in die Vernichtung zu treiben.

Anne und Nicole beließen es bei diesem ersten Eindruck und beendeten den gemeinsamen Ausflug. Zum Glück. Anne rutschte aus dem Fenster und landete in der Realität – gemeinsam mit Silvia, was nicht geplant war. Anne konnte nichts sagen, sie war nicht erreichbar. Sie wurde von etwas umhüllt, das plötzlich von ihr abließ und verschwand.

Zurück blieb Anne, allein Anne und Anne war enttäuscht, sie hatte nichts in Erfahrung bringen können. Doch die Therapeutin ließ Vorsicht walten, bremste sie, das in Sekundenbruchteilen nach innen verschwundene Vakuum gefiel ihr nicht. Ein neuer Plan musste her.

Zuspitzung

Wenig später fand Anne die zweite Warnung in ihrem Tagebuch, mit der Schrift, die niemandem gehörte und der bekannten Aufforderung, sofort die Therapie abzubrechen. Folgte sie nicht, würde sie bald tot sein.

Anne übermannte die Angst, sie wollte vergessen. Der Anteil, der auf Alkohol reagierte fürchtete sich genauso, seine Mauer wurde durchlässig und er wollte sterben, bevor andere dafür sorgten. Nicole schlug Alarm und der Anteil, der dazwischen ging, stand in den Startlöchern, er war seit einiger Zeit daueraktiv. Er bat Nicole um Nachsicht, er hatte keine Kraft mehr. Der Anteil, der dazwischen ging, offenbarte sich Nicole und gab sein gesamtes Wissen preis. Zu spät oder gerade rechtzeitig.

Anne war betrunken und der Anteil, der auf Alkohol reagierte, versuchte sich auszulöschen. Diesmal reagierte Julius, der sich kaum noch von Anne abgrenzte, eigentlich schon fast zu ihr gehörte – bis zu diesem Augenblick. Julius reagierte und das System Anne fiel auseinander.

Die Folgen

Die diensthabenden Ärzte der Klinik versorgten Anne und verlegten sie, ohne Diskussion. Sie fügte sich. Die Psychiatrie hatte ihren Schrecken verloren und Anne die Notwendigkeit verstanden. Sie erfuhr dort den geschützten Rahmen, der ihr half halbwegs stabil zu werden. Ganz langsam ordneten sich die Anteile neu und fügten sich wieder ein.

Gleichwohl fiel es Anne schwer zu vertrauen, sich auf andere Menschen einzustellen. So entschied sie sich gegen einen längerfristigen Aufenthalt und führte ihre ambulante Therapie weiter.

Wieder zurück

Nicole beschäftigten indes die Kenntnisse des Anteils, der dazwischen ging, und die Frage, wie man Anne einbeziehen konnte, ohne sie in die nächste Krise zu lenken und Stammgast in der Klinik zu werden. Die Therapeutin vermittelte. Das Miteinander hatte oberste Priorität, Geheimnisse voreinander waren tabu.

Dementsprechend wurden Anne und der Rest eingeweiht und in eine ständige Alarmbereitschaft versetzt. Sie sollten den entscheidenden Moment abpassen, indem die Mauer des Anteils, der auf Alkohol reagierte, sich veränderte oder durchlässig wurde – quasi den kurzen Moment einer Chance zur Kontaktaufnahme abpassen. Nicole musste jetzt besonders achtsam sein und Anne bereit, sich einzulassen.

Die Mauer wurde porös, wenn Emotionen, Alkohol oder Drogen ins Spiel kamen. Und grundsätzlich war die Kommunikation der Anteile auf der Uhr weit genug fortgeschritten, dass jede einzelne Person diesen Zustand wahrnehmen oder melden konnte. Aber leider taten sie das nicht. Nicolas weigerte sich und Lena verschloss vor Angst die Augen. Alex schlief und Katja fehlte das Verständnis, die Entwicklung.

Das Böse offenbart sich

Anne verlor Zeit, sobald das Telefon klingelte. Sie verschwand im Nichts und war nicht mehr erreichbar, für niemanden. Und später konnte sie sich an nichts erinnern, außer an das Telefonklingeln.

Während Nicole Anne beobachtete, erreichte der Anruf Jasmin, die postwendend nach vorne schnellte und Anne ins Nichts drängte. Niemand hätte Jasmin zurückhalten können. Und der Anteil, der auf Alkohol reagierte, zeigte keine Reaktion, seine Mauer veränderte sich nicht, woraus Nicole folgerte, dass er von der Prostitution nichts wusste und Jasmin vielleicht gar nicht kannte. Daher musste der Anruf Jasmin oder Silvia direkt erreicht haben.

Der Anteil, der auf Alkohol reagierte, wusste tatsächlich nichts von Jasmins Existenz. Die beiden waren zwar geplant, aber unabhängig voneinander entstanden. Und so wusste Jasmin umgekehrt nichts von der Existenz des Anteils, der auf Alkohol reagierte. Außerdem genügte ihre Intelligenz nicht, um eventuelle Zusammenhänge zu erfassen. Jasmin war eigens des Funktionierens wegen entstanden.

Nicole begriff das böse Spiel und gleichzeitig die Personen, die sich außerhalb der Uhr befanden und Jasmin per Telefon anleiteten. Nicole informierte Anne, die sofort eine neue Geheimnummer beantragte, und sie wandte sich an Julius, der sich drinnen um die Weitergabe der neuen Informationen und um den Zusammenhalt kümmerte.

Der Anteil, der auf Alkohol reagierte, beobachtete die Wende auf der Uhr, hoffte auf Nicole und hielt sich aus allem heraus. Selbst der Schläfer irritierte ihn nicht, der die Geheimnummer wieder zu einer offiziellen machte.

Die fremde Macht außerhalb der Uhr reagierte und malträtierte Jasmin, erinnerte sie an ihre Aufgabe, aber Jasmin war mit Worten überfordert, sie kannte ja nur eine Aufgabe. Kurzum, sie verstand die Todesdrohung nicht.

Für Jasmin wurde es auf der Uhr zunehmend schwieriger sich zu verstecken, zu achtsam waren die anderen Anteile geworden. Schließlich wussten inzwischen alle von Jasmins Verbindung zu den Personen außerhalb der Uhr. Sie hatten mit der Zeit eine gewisse Sensibilität füreinander entwickelt und bemerkten bereits kleinste Unregelmäßigkeiten. Sie nahmen Jasmin wahr, obgleich sie sie aufgrund ihres Tuns ablehnten. Vereinzelt suchten sie sogar den Kontakt zu ihr oder zu Silvia und probierten sie zum Sprechen zu bringen.

Die tatsächlichen Zusammenhänge lagen jedoch weiterhin im Dunkeln und das System Anne funktionierte, ohne dies zu wollen. Die entscheidenden und fehlenden Antworten hatte der Anteil, der auf Alkohol reagierte. Er allein kannte die Gefahr, die vom Schläfer ausging. Aber ein Preisgeben kam einem Mord gleich.

Nicole gab nicht auf. Sie sah die Fortschritte auf der Uhr und damit durchaus Möglichkeiten, der fremden Macht entgegen zu wirken. Die Therapeutin unterstützte Nicole, Anne und den Rest, mahnte aber, wie gehabt, zur Vorsicht. Nicole ließ den Anteil, der auf Alkohol reagierte, nicht aus den Augen, Julius organisierte das Zusammenspiel und Anne versuchte ihre Krisen ohne Alkohol zu meistern.

Doch die Ruhe war trügerisch, Anne hatte nicht gehorcht und die Therapie abgebrochen. Entsprechend ließ die nächste und letzte Warnung nicht lange auf sich warten. Jasmin wurde nach draußen beordert. Sie hatte sich gefälligst pünktlich an der nächsten Bushaltestelle einzufinden. Dort wurde sie abgeholt und übergeben.

Die fremde Macht nahm Jasmin in Empfang und setzte sie unter Drogen. Der Anteil, der auf Alkohol reagierte, übernahm. Seine Mauer fiel hinter ihm zusammen und der Anteil, der dazwischen ging, schloss sich ihm an. Nicole konnte nichts tun. Sie konnte ihnen den Weg nach draußen nicht versperren oder sie mit Worten beeinflussen. Die Energien waren zu stark.

Die fremde Macht quälte, versuchte das System Anne neu auszurichten und verlor zusehends die Geduld. Anne war nur einer von vielen kleinen Fischen, die nichts bedeuteten und trotzdem gefährlich waren.

Nicole beobachtete das Treiben draußen, ohne sich davon vereinnahmen zu lassen. Sie suchte Anne, die im Nichts verschwunden war, und fragte sich, woher die fremde Macht die neue Geheimnummer kannte. Indes rutschten Alex und Tina nach draußen, die Jasmin und Silvia ablösten. Lena weinte und der Anteil, der auf Alkohol reagierte, war längst wieder hinter seinen Mauern verschwunden – mit dem Wissen, dass das System Anne ein weiteres Mal nicht überleben würde.

Nicole und Anne beschäftigte die Geheimnummer. Es musste zwangsläufig eine Person auf der Uhr geben, die ein falsches Spiel spielte. Und während sich die Personen draußen abwechselten, beschlossen die beiden, die Mauer des Anteils, der auf Alkohol reagierte, notfalls niederzureißen, um ihn zur Rede zu stellen und Klarheit zu bekommen. Sie waren jetzt auf seine Hilfe angewiesen.

Nicole und Anne klopften an die Mauer und versuchten den Anteil, der auf Alkohol reagierte, zu erreichen. Der hatte resigniert und aufgegeben. Aber er wusste, dass der Schläfer in diesem unüberschaubaren Durcheinander sämtliche Informationen weitergeben konnte, ohne die Zielpersonen zu erreichen, weil jene sich bereits am System Anne betätigten. Und niemand von außerhalb der Uhr konnte weitreichende Handlungen drinnen erwarten, während draußen das Chaos tobte. Folglich konnte ein Gespräch mit Nicole und Anne die Rettung sein oder den Tod bedeuten. Die Rettung, falls der Schläfer nicht durchdrang oder den Tod, falls der Schläfer doch durchdrang und erhört wurde. Egal wie der Anteil, der auf Alkohol reagierte, sich entschied, zu verlieren hatten sie alle nichts mehr. Er sah die Chance, das Gute, den positiven Ausgang und öffnete seine Mauer. Der Anteil, der auf Alkohol reagierte, brach sein Schweigen und redete.

Anne wurde speiübel, als sie erfuhr, welche Abartigkeiten sich in und mit ihr abspielten. Nicole war angespannt, es ging um Konditionierung, um Programmierung – sie durfte keinen Fehler machen. Außerdem musste sie auf Anne achten, die nicht glauben wollte, dass ihre Eltern gar eine Hauptrolle innehatten.

Die Erlösung

Einige Stunden später stand Anne an der Bushaltestelle, von der man Jasmin zuvor abgeholt hatte. Wie in Trance und mit letzter Kraft ging sie zu ihrer Therapeutin, die sofort handelte und Anne dem Schutz der Klinik überließ. Nicole und der Anteil, der auf Alkohol reagierte, atmeten auf. Der Rest war noch nicht auf dem aktuellen Stand.

Das System Anne musste deprogrammiert werden, was die nächste und vielleicht schwierigste Hürde darstellte. Anne erwartete Widerstand und nicht nur inneren, doch in der Klinik war sie abgeschirmt. Und inwieweit die fremde Macht über diesen Rahmen hinaus agieren konnte, wusste wahrscheinlich niemand.

Gleichwohl hatte Anne Angst. Und insbesondere hatte sie Angst, andere in Gefahr zu bringen. Die Menschen, die ihr helfen wollten und nun womöglich selbst zum Opfer wurden, weil sie die Personen außerhalb der Uhr unterschätzten. Und eventuell lebten auf der Uhr weitere Personen, die ähnlich dem Schläfer funktionierten und von denen sie bisher nichts wusste.

Zum Schutz aller hinterlegte Anne eine schriftliche Vereinbarung, aus der hervorging, wer die Täter waren und welche Absichten sie verfolgten. Und falls ihr oder jemandem aus ihrer Umgebung etwas zustoßen sollte, würden postwendend die richtigen Stellen über das Geschehen in Kenntnis gesetzt.

Das Schlüssel-Schloss Prinzip

Nicoles Besonnenheit war es zu verdanken, dass das System Anne sich nun langsam von der fremden Macht ablösen konnte. Allerdings mussten sich die Anteile auf der Uhr vollkommen neu organisieren und neu zusammenfinden, immerhin hatten sie den letzten Ausflug fast nicht überlebt. Folglich vergingen mehrere Monate, bis sie sich dem Schläfer stellen konnten. Und diesem zu begegnen setzte eine stimmige Kommunikation voraus.

Anne hatte sich an das Klinikleben gewöhnt, ebenso an ihre Innenanteile, zu denen sie mehr oder weniger erfolgreich Kontakt hielt. Diverse Extratouren waren an der Tagesordnung, schließlich hatte jeder seine eigene Meinung, aber Anne hatte gelernt, damit umzugehen. Echte Hilfe erfuhr sie durch Nicole und Julius, die ihr stets zur Seite standen, auch wenn diese Verbindung manchmal offensichtlich wurde.

Um den Schläfer zu deaktivieren, gab es Regeln, die funktionieren mussten, sonst konnte das Gegenteil bewirkt werden. Es gab bestimmte Codes, bestimmte Abläufe und bestimmte Abfolgen. Und die Hoffnung, dass sich hinter dem Schläfer nicht noch andere, fremdgesteuerte Anteile verbargen, die wieder alles zunichtemachten. Doch Anne war in Sicherheit und die zuständigen Therapeuten zuversichtlich.

Ein zeitaufwändiger Spießroutenlauf begann. Für Anne, Nicole und die restlichen Anteile auf der Uhr bekam der Schläfer plötzlich ein Gesicht. Er nahm Gestalt an und mit jedem Code, der aufgeschlüsselt wurde, verlor er wieder an Gestalt. Das Energiefeld des Schläfers gewann an Kraft oder verlor an Kraft, je nach Trefferquote der Therapeuten. Bis er sich irgendwann in Staub und Asche auflöste und von dem Anteil, der auf Alkohol reagierte, von der Uhr gefegt wurde. Anschließend weitete dieser seine Mauern zu einer Festung aus, die das gesamte Äußere der Uhr umgab und vor Fremdeinfluss schütze.

Entspannung

Anne und Co. arrangierten sich schnell mit einem Dasein ohne Bedrohung. Die Ausnahme bildete Jasmin, die angesichts ihres mangelnden Intellekts unentwegt auf Anrufe wartete. Jasmin stellte eine vollkommen andere Herausforderung dar, sie musste von einer neuen Aufgabe überzeugt und damit für die fremde Macht unerreichbar werden.

Zudem brauchte Jasmin Verstand, ihr musste gewissermaßen Intelligenz anerzogen werden. Hierbei konnte wiederum Silvia eine Rolle spielen, die mit ihrer Sensibilität ausgleichend wirkte. Doch vorerst musste Anne sich mit Jasmins Seele beschäftigen – ihre Erlebnisse durften später niemandem zum Verhängnis werden. Anne kämpfte den bekannten Kampf und sie schaffte es.

Jasmins künftige Aufgabe bestand darin, Katja und die jüngeren Anteile zu beaufsichtigen, welche sich langsam der Zeit anpassen und erwachsen werden mussten. Trotzdem war Jasmin vermutlich immer auf die Gnade der anderen angewiesen.

Perspektiven

Anne und die anderen brauchten noch eine ganze Weile, bis sie bereit waren, ihr Dasein als Gesamtes anzunehmen und sich dem Leben zuzuwenden. Auch wenn sie sich wohl nie ganz von ihrer Vergangenheit und den brutalen Erfahrungen befreien konnten.

Nach dem langen Klinikaufenthalt brach Anne sämtliche Verbindungen zu ihrem früheren Leben ab. Sie änderte ihren Namen, zog um, verzichtete auf ein Telefon und ging einer geregelten Arbeit nach. Über alles liebte Anne ihre Ruhe, die sie selten hatte, denn die Stimmen existierten weiterhin und forderten ihren Tribut.

Dank

Mein herzlicher Dank und mein ganzer Respekt gehen
an alle „Annes", die sich für dieses Projekt geöffnet haben
an Herrn PD Dr. med. Martin Sack – für das Wissen und die Geduld
an meine Mutter – für meinen Weg
an meine Freunde – für den Halt und die Unterstützung
und nicht zuletzt an Andreas – für die wertvollen Tipps

Ebenfalls im Starks-Sture Verlag erschienen:

Tod der Puppenkönigin
– Das besondere ist selten –
Silvana E. Schneider, 96 Seiten
ISBN: 978-3-939586-08-1, 12,90 €

Das Schicksal kennt nicht nur einen Weg. Vom Glück Bestrahlte fallen manchmal der Dunkelheit zum Opfer. Während andere es aus dem Elend heraus ins Licht schaffen.

Zwei Frauen begehren gegen ihr vorgegebenes Schicksal auf. Die eine, von einfacher Struktur, unterdrückt und misshandelt, befreit sich, beginnt ein neues Leben, das anfänglich nicht viel verspricht. Doch mit kleinen Schritten geht sie ihren Weg zu Freiheit und Unabhängigkeit.

Die andere, vom Leben verwöhnt, schön, geliebt und doch unglücklich ist auf der Suche nach fehlender Lebendigkeit. Ein höchst faszinierender Mann betrit die Bühne. Scheinbar vollkommen kann er alle ihre Wünsche erfüllen, selbst unausgesprochene …

Doch es kommt ganz anders … denn bald stellt sich heraus, dass Vollkommenheit die Maske des Wahnsinns sein kann.

Lieferbar über den Buchhandel oder direkt vom Verlag
Portofrei und gegen Rechnung unter bestellung@starks-sture-verlag.de
Starks-Sture Verlag, Elsässer Straße 24, 81667 München
www.starks-sture-verlag.de